プロの仲人が伝授！

90日後にプロポーズされる

賢い婚活

石坂 茂
ISHIZAKA SHIGERU

幻冬舎 MC

プロの仲人が伝授！

90日後にプロポーズされる賢い婚活

はじめに

人生の大きなイベントの一つである結婚は、20代半ばに差し掛かると多くの人が意識し始めます。

昨今ではマッチングアプリや婚活パーティーなどさまざまな出会いの場を提供する婚活サービスが登場し、それを利用して結婚する人も増えています。リクルートブライダル総研の「婚活実態調査２０２２」によると、２０２１年に結婚した人のうち、婚活サービスを通じて結婚した人の割合は15・１％で、10年前から3倍以上に増加しています。

このように出会いの場が増える一方で、どんな人が自分に合うのか分からない、相手とのコミュニケーションの取り方が分からない、結婚に向けた恋愛の進め方が分からないなど、さまざまな理由から疲弊してしまう人も少なくありません。

本来は幸せになるための婚活であるはずなのに――。婚活がうまくいかずに悩みを抱えている人たちに知ってほしいのが、本書で紹介する「仲人」を活用した婚活です。

私は日本最大の結婚相談所プラットフォームを構築し、全国の4000店舗を超える結婚相談所をネットワークでつなげる株式会社IBJを運営しています。最短ルートで理想の相手と結ばれるための独自の婚活メソッドを開発し、継続的な仲人育成にも注力した結果、会員数が約9万5000人、そして何より大事な成婚数は年間約1万2000組と、いずれも日本最大規模という実績を残すことができています。

この経験と実績を踏まえていえることは、婚活に悩む人にとって仲人のサポートを受けることは、結婚へのいちばんの近道になるということです。本書で紹介する「仲人」は、お見合いを仕切ったり、両家の連絡役を担ったりする昔ながらの仲人とは違い、会員の婚活を支えるメンターのような存在です。一緒にゴールまでのロードマップを考えたり、価値観や優先順位を整理したりするなかで自分が気づいていなかった結婚観を引き出してくれるだけでなく、交際からプロポーズに至るまでに、どんなことに注意して相手を見ればよいのか、どんなステップを踏むべきかを的確にアドバイスしてくれます。

本書は32歳独身女性の事例をストーリー仕立てで展開し、全国の仲人が手掛けた成功事例も交えながら、20～30代の独身者に向けて、90日間で真に理想的な相手と結ばれるまでの道筋をまとめました。90日というのは決して大げさな数字ではなく、ＩＢＪを利用する会員が成婚に至るまでの標準的な日数です。

この一冊が、ゴールの見えない婚活に悩む人にとって結婚に至るまでの道標となれば幸いです。

目次

第2章

自力では難しいからこそ、「婚活サポートのプロ」に頼る 90日で幸せをつかめる結婚相談所

第3章

90日間の賢い婚活［準備編：1〜3日目］理想の実現に向けた作戦会議

第4章

90日間の賢い婚活［お見合い編：4〜20日目］理想の結婚相手なんて、最初は誰も分からない

第5章

90日間の賢い婚活［交際編：21～60日目］心理的な距離を縮めて「好き」を育てていく

STORY

解説 交際編：21～60日目

第6章

90日間の賢い婚活［成婚編：61〜90日目］
ささいな不安も解消し、理想のプロポーズを実現

第1章

婚活を頑張っているのに
結婚できないのはなぜ？

STORY

漠然とした「結婚」というゴール

「私もそろそろ結婚したいな……」

32歳の荒木加奈（仮名）さんは、会社の後輩の結婚式に出席した帰り道に思わずそうつぶやきました。

加奈さんの周辺では、20代後半に差し掛かったくらいから友人たちが次々と結婚していき、最近では赤ちゃんが生まれたという報告も届くようになってきています。すっかり「お母さん」になった友人たちから子育ての苦労話を聞かされるたびに、加奈さんはなんだか自分だけがぽつんと取り残されてしまったような気がしていました。

仕事の忙しさを言い訳にして結婚という問題を見て見ぬふりをしているうちに、いつしか30歳という節目の年も過ぎ、両親からのプレッシャーも日増しに強くなってきています。

　地元で公務員として働いている加奈さんの父親は定年も間近になり、最近では一人娘の加奈さんのことがとにかく気掛かりなようで、たまに実家に帰省すると、必ずといっていいほど「誰かいい人はいないのか？」と聞いてきます。専業主婦の母親は、口を開けば「近所の○○ちゃんが結婚した」とか「○○くんのところに子どもが生まれた」とか、そんな話ばかり……。

「まだ結婚しないのか」という両親の圧力にうんざりしている加奈さんですが、30歳を過ぎて、今までのように「そのうちなんとかなるだろう」と流れに身を任せてばかりいるわけにもいかなくなってきたことは自分でもひしひしと感じていました。

　そういえば後輩は、「出会ってから1年でこの日を迎えました」って、披露宴で紹介されていたなぁ……。

　この日結婚した後輩は、「私、28歳までに絶対結婚するんです！」と周囲に宣言し、せっせと婚活に励んでいました。ランチを一緒に食べていると、先週末は婚活パーティーに行ってきたとか、今週末は見合いをするとか、毎週のように婚活の話をしていましたが、加奈さんは、「そんなに苦労してまで結婚したいものなの？」と思いながら話を聞いていたのでした。

私もあの子みたいに婚活を頑張れば、1年で結婚できるのかなぁ。でも、何から始めればいいのだろう……。

一人で悩んでいても、何も変わりません。試しにスマートフォンで「婚活」と検索してみると、街コンや婚活パーティー、マッチングアプリから自治体の婚活応援ページまで、さまざまな情報が出てきました。

婚活のツールってこんなにいろいろあるんだ……。

戸惑いながらも、加奈さんはまず手軽に始められそうなマッチングアプリをインストールして、自分なりに婚活を始めてみることにしました。

STORY

疲弊するばかりの「出会いの場」

婚活にあたって、まずはマッチングアプリをインストールした加奈さんですが、実は過去に恋活目的でマッチングアプリを使った経験がありました。加奈さんが社会人になって3年が過ぎた頃の話です。当時、付き合っていた彼氏と別れることになり、その寂しさを埋めようと、友人が使っているというマッチングアプリに登録してみたのです。そのときは男性からの露骨なアプローチにうんざりして、すぐに退会した苦い思い出がありました。そのため、今回はアプリをあれこれ比較して、アプリのなかでも結婚への真剣度が高い人が多いと評価されているものを選びました。

プロフィール文や写真を入力すると、すぐに男性から「いいね」が届きました。脳裏に以前の苦い経験がよぎりましたが、それでも「いいね」が届いたことはうれしくて、さっそく相手のプロフィールを確認すると、「結婚相手を真剣に探しています」という一文。

この人、いいかも……。

そう感じた加奈さんが「いいね」を返すと、マッチングが成立しました。それから数日間メッセージのやりとりを続け、トントン拍子にランチデートをすることに。

当日、待ち合わせ場所に現れたのはプロフィール写真よりもさわやかな印象の青年でした。趣味が似ていたこともあり、会話も弾みます。しかし、連絡を取り始めてからまだ1週間程度だというのに、結婚に対してあまりにも前のめりで、「今すぐに一緒にマッチングアプリを退会しよう」「結婚を視野に入れて一緒に住みたい」などと畳みかけるように言われて、加奈さんはなんだか怖くなってしまいました。

その後も、数人とマッチングしてデートを繰り返してみたものの、遊び相手を探しているだけで結婚を真剣に考えていない人だったり、自己紹介文の性格とは異なる印象を受ける人だったりと、なかなか「この人だ」と思える人には巡り合えません。

マッチングアプリがだめなら婚活パーティーや街コンはどうだろうと考えた加奈さんは、興味を惹かれたイベントに行ってみましたが、なかなか好みの人に出会えなかったり、たまに「いいな」と思う人とマッチングしても次のデートにつなげられなかったりしたことが続きました。

街コンにも参加してみましたが、なかには身元を偽る人も紛れていて、加奈さんが「この人いいかも」と思った相手が実は既婚者だったとあとになって発覚したこともあります。

こうして、加奈さんは意を決して飛び込んだ「出会いの場」で、いつまで経ってもいい人に巡り合えないばかりか、日増しに疲弊していったのです。

解説 プロローグ①

出会いの主流となった婚活サービス

結婚するための活動を婚活と呼ぶようになったのは2007年頃からで、これは就職活動を「就活」と呼ぶことになぞらえて意図的につくられた言葉です。

この十数年の間にさまざまな婚活サービスが世に溢れるようになりました。婚活パーティーや街コンをはじめ、マッチングアプリや婚活アプリなどを利用する人は増え続け、民間企業だけでなく、なんとか少子化を止めたいと考える自治体が、若い人を地元に呼び込むために婚活イベントを主催することもあります。パーティーの形も変化し、最近では大人数の婚活パーティーよりも、半個室でじっくり話せるような婚活パーティーが人気を集めています。

婚活という言葉が生まれた頃は婚活サービスを使っていることを隠そうとする人

も少なくありませんでした。しかし、今では20代・30代の若い人たちを中心に、婚活サービスは効率よく理想の結婚相手を探す手段として積極的に受け入れられるようになり、婚活サービスの利用はいまや当たり前のこととして社会に認知されるようになっているのです。

実際に、婚活サービスを通じて結婚した人の割合もずいぶんと増えています。リクルートブライダル総研の「婚活実態調査２０２２」によれば結婚している人のうち婚活サービスを利用して結婚した人の割合は年々増加傾向にあり、２０２１年には15・1％と、10年前から3倍以上に増加しています。こうした傾向は今後も進んでいくことが予想されます。

婚活パーティーや結婚相談所などの婚活サービスを利用して婚活するのは結婚へ至る道の一つになっているのです。

婚活サービスを通じて結婚した人の割合

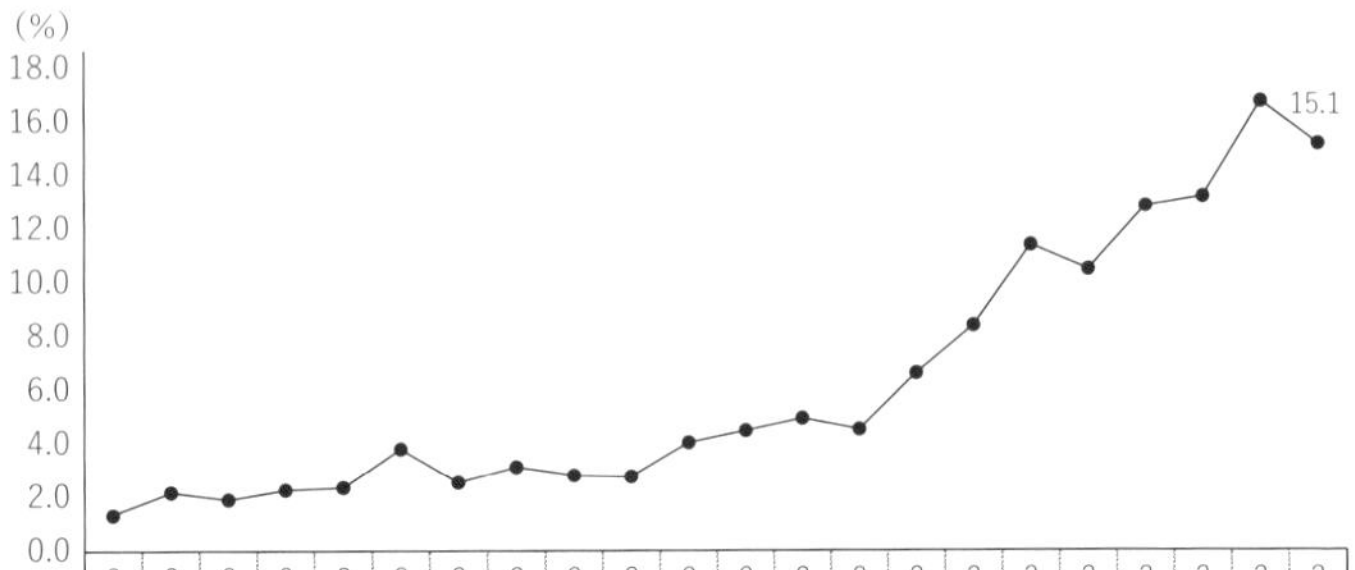

年	2000	2001	2002	2003	2004	2005	2006	2007	2008	2009	2010	2011	2012	2013	2014	2015	2016	2017	2018	2019	2020	2021
—●—	1.4	2.3	2.0	2.3	2.4	3.8	2.6	3.2	2.9	2.9	4.1	4.5	4.9	4.7	6.7	8.3	11.3	10.4	12.7	13.0	16.5	15.1

（婚姻年）

※婚姻年2015年以前は「婚活実態調査2016」より　2016年以降は、各年調査の結果をもとに作成
出典：リクルート ブライダル総研「婚活実態調査2022」

マッチングアプリ、街コン、婚活パーティー……自分に合ったツールはどれ？

婚活のためのツールはマッチングアプリ、街コンや婚活パーティー、結婚相談所などさまざまなものがあります。

このなかで最も手軽なのはマッチングアプリです。マッチングアプリには、無料で登録できるものから、月会費が掛かるものまでさまざまなものがあり、ほかの婚活ツールに比べると料金が安く抑えられるため、婚活をしようと思

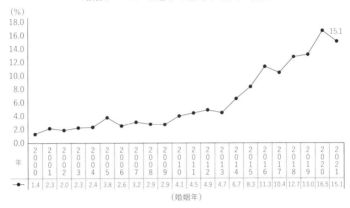

い立ったら気軽に登録できるというメリットがあります。

一方で、「恋愛」や「友達づくり」など利用者の目的はさまざまあり、結婚をするためではなく、男女の出会いのためのツールとして使っている人も少なくないと私は感じています。実際、マッチングアプリを通して出会った人とお付き合いに進んだとしても、なかなか結婚につながらないという声をよく聞きます。マッチングアプリにもさまざまなものがあり、そのほとんどが独身証明や収入証明が不要で利用できるため、相手がプロフィールを偽っていたとしても分からないというリスクもあります。

マッチングアプリのような事前の準備が必要なく、一度に多くの人と出会えるのが街コンです。マッチングアプリの場合には、オンラインでのやりとりをして、いざ会ってみたら思っていた印象と違ったということもありますが、街コンでは最初から実際に会うことができるためミスマッチを避けることができます。ただし、街コンの開催前にどんな人がどれくらい来るのかを知ることはできません。また、事前の準備の必要がなく参加へのハードルが低いので、ただ出会いを求めて参加して

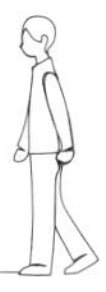

いる人も多く、結婚にまで結びつきにくいというのがデメリットです。

参加してみるまでどんな人が来るか分からない街コンと違って、年収や職種など、ある程度参加条件が設定されているのが婚活パーティーです。結婚相手に譲れない条件がある人にとっては、自分の理想の相手に効率よく出会える可能性があります。パーティー形式で気になる相手に自由に声を掛けていく形もあれば、異性と一対一で話す時間が設けられていて相手が次々に変わっていく形のものもあります。

いずれにせよ一度にたくさんの初対面の人と会話することになるので、初めて会う人と会話をするのが苦手な人にとっては、カップル成立の難易度が高くなるというデメリットがあります。

結婚できない人の共通点

マッチングアプリ、街コン、婚活パーティー……。さまざまなサービスを試しながら婚活を続けているのに、一向に結婚相手に巡り合えないという悩みをよく耳にします。

なかなか結婚できないと嘆く人には次のような共通点があると私は感じています。

♡結婚できない人の共通点

◎自分で決められず常に受け身でいる
◎「いつまでに」のゴールを決めていない
◎背中を押してくれる人が身近にいない

まず、自分で決められず常に受け身でいる人がとても多いです。

婚活では、いいと思った人がいたら自分から連絡を取ってみるとか、一度会ってみてどうしても無理というわけでなければ次に会う約束をするとか、自分から積極的に動いて、実際に一歩踏み出さなければならない場面があります。相手から連絡してほしいなどと受け身の姿勢でいると、意思決定が他人任せになったり先送りになったりと、なかなか交際や結婚に至ることはできないのです。

次に、「いつまでに」のゴールを決めていないという特徴があります。

意思決定を先送りにしてしまうのは、いつまでに結婚するかというゴールが明確に決まっていないからです。例えば、就活であれば4月入社のゴールに合わせてスケジュールを管理して活動するように、婚活でもゴール時期から逆算して自ら行動を起こしていかないと、だらだらと活動を続けるだけになりがちです。さらに妊娠・出産を希望するのであれば、その時期も考慮に入れて、ゴールを自ら設定する必要があります。

最後に、背中を押してくれる人が身近にいないことが挙げられます。

結婚は人生を左右する重大な決断ですから、身近に相談できる人がいるかいないかでは、進めやすさに差があります。自分の決断であっても不安に思うことがあったり、次の一歩を踏み出す勇気がなかなか出なかったりすることは誰にでも起こり得ます。そんなときにそっと背中を押してもらうことで、自信をもって前に進むことができるのです。

しかし、これら3つの特徴に思い当たることがある人も心配はいりません。これまでにゴールを決めずに活動していたなら、いつまでに結婚するかを自分で考えればよいし、自力での婚活に行き詰まりを感じているなら相談できる相手を見つければよいのです。実際、「結婚したいのに、なかなか結婚できない」と暗い顔で結婚相談所を訪れた人が、ゴールを定め、仲人を良き相談相手として活動を進めることで、婚活に積極的になり、より魅力的に変わっていった例は数多くあるのです。

第2章

自力では難しいからこそ、「婚活サポートのプロ」に頼る
90日で幸せをつかめる結婚相談所

STORY

婚活は頼っていい

自分なりに頑張ってきたのに、婚活のゴールが見えず、加奈さんは大きなため息をつきました。

もう、婚活なんてやめたい……。

そんな気持ちでスマホを見ていると、ある広告のフレーズが目に飛び込んできました。

「婚活は頼っていい」

それはある結婚相談所の広告でした。婚活を始めて以来、加奈さんはインターネットで婚活のことばかり検索していたので、結婚相談所の存在は知っていました。

ただ、ほかの婚活サービスに比べて値段が割高であったり、入会するためにさまざまな証明書の提出が必要であったりするので敬遠していたのです。

また、結婚相談所特有の仲人という存在にも抵抗感がありました。

見ず知らずの仲人に自分のことを根掘り葉掘り聞かれるのはちょっとなぁ。仲人に自分の好みとはかけ離れた人と無理やりくっつけられたら嫌だしなぁ……。

そんなイメージもあって、結婚相談所を婚活ツールの一つとして視野に入れていませんでした。

しかし、自分流の婚活で失敗続きの加奈さんは、自力ではこれ以上どうしようもないと感じ、結婚相談所を使った婚活を検討してみることにしました。

STORY

自分にとって理想の婚活の形

実際に調べてみると、一口に結婚相談所といっても、いろんなバリエーションがあることが分かってきました。

例えば、相手との出会い方についてもそれぞれです。会員データベースから自分で検索して気になる相手に申し込むタイプ、仲人が相手を紹介してくれてサポートもしてくれるタイプ、自分でも検索して申し込みができつつ仲人もサポートしてくれるタイプというように違いがあります。

自力での婚活に限界を感じている加奈さんが最も求めているのは、仲人によるサポートです。だからといって、仲人が選んだ人とだけお見合いをして結婚に進んでいくというのはちょっと違うような気がしました。

自分でも相手を選びたい。だけど、そのときに適切なアドバイスやサポートをしてくれる存在が欲しい！

そう考えた加奈さんは、自分でも検索してお見合いの申し込みができ、仲人のサポートも得られるタイプの結婚相談所に絞って調べることにしました。

さらに調べてみると、それぞれの相談所によって、「成婚」という言葉の使われ方が違うことが分かってきました。成婚を「婚約」と定義しているところもあれば、「結婚の考えを固めて退会すること」としているところもあり、なかには「結婚に向けた真剣交際」を成婚としているところもありました。

結婚に向けた真剣交際までのサポートではちょっと心配かも……。それで成婚とされて退会したあとに相手と別れたら、振り出しに戻っちゃうわけだし、やっぱり、婚約まではサポートしてほしい……。

結婚相談所に何を求めるのかが自分自身のなかではっきりしてきた加奈さんは、自らが期待する条件を満たす結婚相談所をピックアップして問い合わせをしてみることにしました。

解説 プロローグ②

今、20～30代が結婚相談所を選ぶワケ

結婚相談所はかつて世間一般の見方として、結婚できない人が駆け込むところという印象をもたれがちでした。数十年前までは結婚相談所は地域密着でそれぞれの仲人が会員を担当・紹介し合っており、出会いの幅にも数にも限りがあったのです。当時はプロフィールを紙でやりとりするなどアナログな方法が取られていて、効率よく結婚にたどり着けるツールではなかったかもしれません。

しかし、今では結婚相談所が互いに連携し、全国にネットワークを広げているところもあります。そういったネットワークをつくることで、膨大な会員データから相手を探すこともできるようになり、結婚相談所は効率よく結婚に至ることができるツールとして20～30代に選ばれるようになってきました。私が運営する結婚相談所では、２０２０年からの2年間で20代の入会数が5倍に増えています。さらには

婚活パーティーや婚活アプリなどと併用する人もいて、数あるツールの一つとして結婚相談所が認知されるようになっています。

結婚相談所へのイメージが変化するのに伴って、特に女性は結婚相談所で婚活をしていることを親や周囲にオープンに話す傾向が出てきました。２０２２年に私の会社が実施した調査でも、結婚相談所で婚活をしている男女のうち8割強の女性、7割弱の男性が結婚相談所に入会していることを周囲に話していることが明らかになっています。特に女性の6割以上は親に話しており、友人に話している人も5割を超えているという結果も出ています。

簡単ではない独力での婚活

婚活の手段が増えて手軽に始められるようになった一方で、一人での婚活の道の

結婚相談所に入会していることを
周りの人（家族・友人）に話していますか？

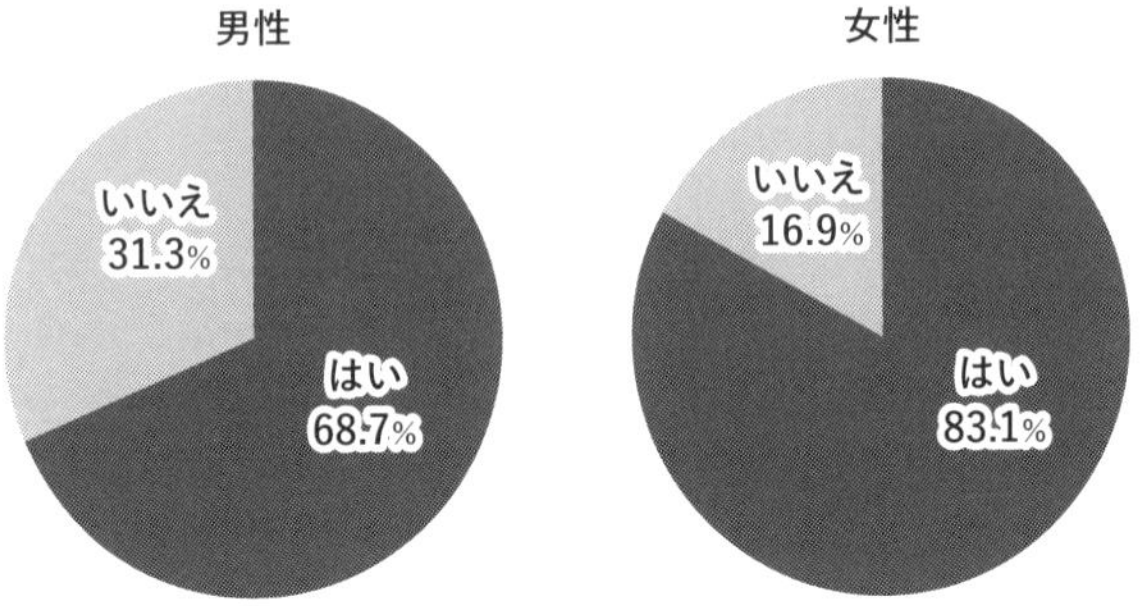

IBJ調べ

結婚相談所に入会する前から婚活や恋活をしていましたか？

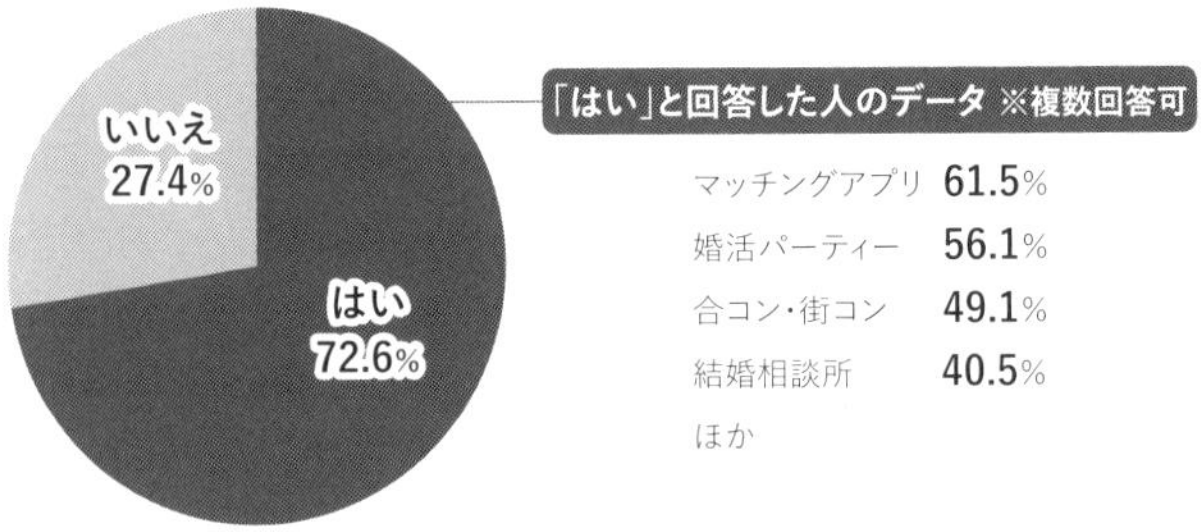

IBJ調べ

りは険しいものになってきました。調査によれば、結婚相談所に入会する前から婚活や恋活をしていた人は全体の約7割にのぼります。思うような結果を得られず、自信を失った状態で結婚相談所に入会する人も少なくありません。結婚相談所に来る前に婚活をしていた人のなかには、「結婚への真剣度・目的に違いがあった」「付き合ったけれど結婚には至らなかった」と答える人の割合が高く、実際にマッチングアプリで出会いはあったものの結婚につながらなかったという声も多く聞かれます。

婚活のゴールは自分の望む相手と結婚に至ることです。そのためには交際をしてきた二人が「この人と結婚する」と意思決定をすることが欠かせませんが、これは人生のなかでも最も大きな決断の一つであり、誰しも慎重にならざるを得ません。昔から結婚は勢いが大事だといわれてきたのは的を射た言葉だと私は思います。結婚の決断に慎重になっている人に結婚への勢いをつけられるのは、確かな信頼関係で結ばれた生身の人間の後押しであり、それは結婚相談所では仲人のサポートです。

ほかのツールを使って婚活していた人が結婚相談所を選ぶ際に最も重視した点は、

男女ともに「サポート内容」だったという調査結果もあります。

結婚相談所で成婚した人が数年後に赤ちゃんを連れて担当の仲人にあいさつに来てくれるのを見ると、仲人との間にどれだけ深い信頼関係が築かれていたかを実感します。

「結婚したい人」と出会える結婚相談所

仲人は数多くの独身者を結婚へと導いている「婚活のプロ」ですが、どんなに優秀な仲人に出会うことができたとしても、結婚に至るには、「結婚したい人」と出会う必要があります。日常生活の範囲内では身元が確かで結婚したいと考えていて自分とも相性が良いという人に都合よく出会うことはなかなかできないものです。

しかし、今の結婚相談所を使った婚活であれば、このいずれの問題もクリアする

結婚相談所の入会に必要な証明書

身分証明	健康保険証、運転免許証など
住民証明	住民票（３カ月以内の原本）
独身証明	独身証明書（３カ月以内の原本、本籍のある自治体に申請）
年収証明	収入証明書（直近の年収が確認できるもの）
学歴証明	最終学歴証明書（卒業証書コピーまたは卒業証明書原本）
職業証明	資格や免許を有する職業の場合、その証明

※必要な書類は結婚相談所によって異なる

ことができます。大手の結婚相談所をはじめ、個人の結婚相談所であっても結婚相談所ネットワークに加盟しているところを選べば、何万人という規模の「結婚したい人」に出会うことができるのです。

　結婚相談所に入会している人はそれなりの金額の会費を払って婚活をしていますので、結婚への真剣度が高い人ばかりです。入会時に独身証明書や身分証明書を結婚相談所が確認しているので、身元も安心です。

　身元を証明するために結婚相談所に提出する書類には39ページの表のよう

なものがあります。

結婚相談所ではこれらの証明書について内容をしっかりと確認しますので、本人から聞いていた情報がデタラメだったとか、あとになって既婚者であることが発覚したとかいったトラブルに巻き込まれることはありません。実際にこれだけの証明書をそろえるのは面倒な作業なのでそれなりの熱意が必要です。そのため、結婚相談所では手間を掛けてでも結婚したい、真剣度が高い人のみが登録することになるのです。

90日で幸せをつかむステップ

結婚相談所を利用して仲人とともに婚活をする場合、入会後の婚活の大まかな流

90日後にプロポーズされる
結婚相談所で幸せをつかむためのステップ

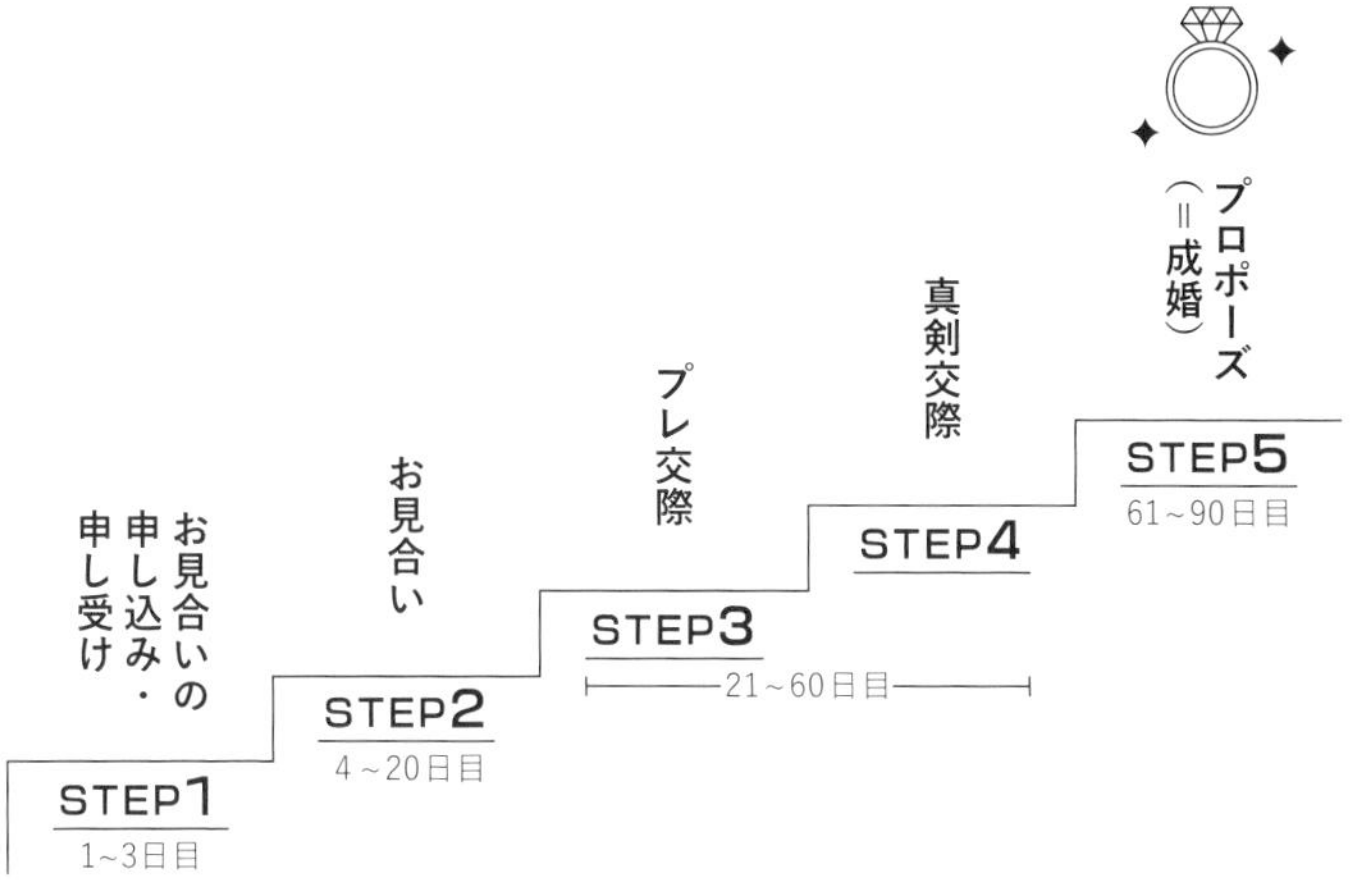

れは次のようになります。

(1) お見合いの申し込み・申し受け

このタイミングでは年齢などの条件で絞り込み過ぎず、少しでもいいと思ったら積極的にお見合いを申し込んだり、受けたりしていきます。

順調に婚活を進めていくには、まず今の自分を知ることが大切です。

婚活をスタートした時点では、「結婚したい」という気持ちはあっても、自分の理想の結婚生活とはどんなものなのか、その結婚生活を送るためにはどんな人が結婚相手として適しているのかについてはあやふやな人も多いため、まずは仲人と話しながら自分がどんな結婚をしたいのかを整理していきます。自分のことは自分が最もよく分かっているつもりでも、自分の言葉で表現できないことも多くあります。活動を進めながら仲人との対話を重ねていくなかで今の自分を知るのは、理想の結婚に至るうえで欠かせないプロセスです。

(2) お見合い

プロフィールの情報を見てお見合いを申し込んだり申し込まれたりして、お互いに会ってみたいと思ったらお見合いが成立します。お見合いでは、ホテルのカフェラウンジなどで1時間程度お茶をしながら会話をしてフィーリングを確かめます。

初めてのお見合いでは、どんな店を選べばいいのか、どんな服装で行けばいいのか、どんな話をすればいいのかなど、ほとんどの人は疑問や不安でいっぱいになります。ですから、事前に仲人に服装のアドバイスを受けたり仲人とシミュレーションをしたりしてお見合いに臨みます。

お見合いが終わったら、様子や手応えを仲人に報告して次の相談をします。仲人からフィードバックを得ることで経験値も上がっていきます。

(3) プレ交際

少しでも「また会いたい」と思えるようなら、交際に進みます。私の結婚相談所の場合は、この段階を「プレ交際」と呼んでいます。プレ交際では複数の人と同時にやりとりをすることが可能なため、相対的に相手を見比べることで、自分が本当に求めているものが見えてくることがあります。また、プレ交際に入ると連絡先の交換が可能となります。毎日のやりとりや2~3時間の食事デートを重ねることで、互いへの理解も深まっていくため、プレ交際が進んできたら、半日デートを通して相手と結婚を意識した交際に進むかどうかを見極めていきます。

(4) 真剣交際

結婚に向けて相手を一人に絞って交際するのが真剣交際です。真剣交際に入ると、

お見合いを申し込んだり申し込まれたりはできないシステムになっているので、互いに向き合って結婚に向けて価値観のすり合わせをしていくことになります。この段階でお互いに抱えている不安や疑問を解消していきますが、自分では聞きづらいことでも、仲人の力を借りて解決できることも多くあります。また、家族との関係性に応じてプロポーズ前に親への紹介を行うケースもあります。

(5) プロポーズ(=成婚)

真剣交際をするなかで互いの気持ちが確認できたら、次はプロポーズです。プロポーズを目前にすると、男女ともに「本当にこの人でよいのだろうか」という迷いが生じることもあります。そんなときには仲人に相談して客観的な意見を得ることもできます。ただ、真剣交際期間に互いの価値観を共有したり、結婚への考えをすり合わせたりと話し合いを重ねてきているので、この段階になると仲人が間に入らなくても話し合いができる強固な関係性になっていることが多いです。

私の結婚相談所では、お見合いから成婚までの標準的な期間を90日としています。

90日というと短いと感じるかもしれませんが、普通の恋愛結婚が山あり谷ありの険しい道を一人手探りで進むものだとすれば、結婚相談所の婚活は舗装された道を最短ルートで熟練のガイドとともに行くようなものです。条件や環境が整っているだけでなく、最も大事な「本人の気持ち」についても、無理なく自然に高まるサポートと仕組みがあります。そのため、仲人と進める婚活ではお見合いから成婚まで90日もあれば十分なのです。

うまくいかなかった「本当の理由」を理解する

自分なりの婚活が思うようにいかず、結婚相談所への入会を考えるようになった人のなかには、婚活をしている本人が感じている「うまくいかなかった理由」と本

質的な原因が異なっている人も少なくありません。

例えば、「マッチングアプリでたくさんの人に会ったけれど、誰のことも好きになれなかった」という人がいたとします。この場合、過去の恋愛ではどんなタイミングで好きの感情が芽生えてきたのか、マッチングアプリではどのような人と出会ってきたのか、などこれまでの恋愛や婚活の経緯、そのときの感情を掘り下げていくと自分の傾向が見えてきます。

その結果、「相手が自分に好意をもっていると分からないと好きになれない」というような本質的な原因が判明するのです。

こういった「本当の理由」は、一人で考えているだけではなかなか気づくことができません。仲人との対話で明らかになった「本当の理由」を踏まえたうえで、今後の婚活の戦略を立てていく必要があります。

結婚相談所を選ぶときの５つのポイント

結婚相談所は数多くあります。結婚相談所での婚活を始めるにあたり、自分に合った結婚相談所を選ぶためには、まず自分がどのように婚活を進めていきたいかを踏まえて候補を絞り込んでいかなければなりません。具体的には、次の５つのポイントを軸に検討していきます。

◎サポート内容の違い

結婚相談所には大きく分けて「データマッチング型」と「仲人型」、「ハイブリッド型」の３つのタイプがあり、サポートの内容に違いがあります。

データマッチング型では、プロフィールと希望条件を登録しておくと、システムを介して自分の条件に合った相手が紹介されます。そのなかから気になる相手を見

つけ、自分でお見合いを進めていきます。このタイプでは自分のスケジュールに合わせて活動できるというメリットがあり、大手結婚相談所の低価格プランに多い傾向があります。自分のペースで婚活を進めていきたいという人にはこのタイプが合っています。

これに対し仲人型では、「婚活アドバイザー」や「婚活カウンセラー」と呼ばれる結婚相談のプロが、仲人として婚活をサポートしてくれます。専任の担当者が付くので、相談しながら進められるのがメリットです。仲人型は個人経営の結婚相談所に多い傾向があります。仲人のきめ細かいサポートや客観的意見を得ながら婚活をしていきたい人には、このタイプが合っています。

そして最後に2つを合わせたものがハイブリッド型です。データのなかから自分で相手を探すことができ、さらに仲人のサポートを受けながら活動を進めることが可能です。

◎仲人の人柄

「仲人型」や「ハイブリッド型」の場合、結婚まで最短距離でたどり着くために、仲人と二人三脚で婚活を進めていくことになります。仲人も人間ですから、人によって雰囲気や人柄が異なります。例えば、友達のように相談できる同年代の仲人や、母親のように温かくも厳しい意見をくれる年上の仲人、あるいは自身の強みや婚活経験を活かして独自のサポートを取り入れている仲人などさまざまなタイプがいます。

　実際に会って話をしてみて違和感がないかを確かめ、信頼できると思える仲人を見つけましょう。

◎会員の数と質

　会員数が多いほど、出会いの選択肢は増えます。実際に活動している会員の数や、お見合い数がどのくらいあるかは、結婚相談所を選ぶうえで重視したいポイントです。加えて重要なのは会員の質です。相談所によって男女比や年齢層は異なるので、自分が望む相手に出会える確率を上げるためには、会員数だけでなく会員の質も確認しておく必要があります。

◎成婚の定義

結婚相談所を選ぶときに、成婚率などの成婚実績は多くの人が注目するところですが、そもそも成婚の定義は結婚相談所によって異なります。私の経営する結婚相談所では「婚約（プロポーズ）までサポート」して成婚としていますが、他社では「結婚を前提としたお付き合いの段階」で成婚扱いとしているサービスもあります。その相談所の成婚の定義によってどの段階まで仲人がサポートしてくれるかが変わるので、結婚相談所を比較するときにはきちんと確認しておきたいポイントです。

◎料金

結婚相談所の費用は決して安くはありませんが、料金が安いところを選べばよいというわけでもありません。単純に金額だけを比較するのではなく、それに見合ったサービスを受けられるのかという視点で検討することが重要です。

♡結婚相談所を選ぶときの5つのポイント

◎サポート内容の違い
◎仲人の人柄
◎会員の数と質
◎成婚の定義
◎料金

第3章

90日間の賢い婚活［準備編：1〜3日目］
理想の実現に向けた作戦会議

STORY

力強い味方との出会い

加奈さんは複数の結婚相談所を比較した結果「お見合い前後から婚約までのサポートが手厚い」結婚相談所への入会を決めました。

担当の仲人は加奈さんと同年代の落ちついた雰囲気の女性です。初回のカウンセリングでは、加奈さんの気持ちをくみながら、親身になって話に耳を傾けてくれました。

この人になら自分の不安や悩みも話せるかも……。

最初は緊張気味だった加奈さんも、話しているうちに、なんだか頼りになる女友達に恋愛相談をしているような気分になってきて、次第に、これまでの婚活のこともぽつりぽつりと話し始めました。

仕事を言い訳にして恋愛から遠ざかっているうちに、気がついたら30歳を過ぎて、周囲からすっかり取り残された気分になっていること。マッチングアプリでは「この人」だと思える相手に出会えず、婚活パーティーや街コンでは「いいな」と思う人とマッチングできても次のデートになかなかつながらなかったこと……。

一度話し始めると、今まで押し込めてきたつらい気持ちが溢れ出してくるようでした。仲人はその加奈さんの思いをすべて受け止めてくれました。

「それはつらかったですよね。加奈さん、今までお一人で頑張ってこられたんですね。でも、もう大丈夫ですよ。これからは私と一緒にやっていきましょう」

そう言って加奈さんを見つめる仲人のまなざしは力強さと優しさに満ち溢れていました。

STORY

ゴールからの逆算

そこから理想の結婚に向けた作戦会議が始まりました。最初に行ったのはゴールを決めることです。

「加奈さんはいつまでに結婚したいですか？」

「いつまで、ですか？　うーん……」

加奈さんはさっそく答えに詰まってしまいました。20代の頃は「30歳までには」などと考えていたこともありましたが、30歳を過ぎてからは以前ほど「いつまで」という期限にこだわりがなくなっていたのです。そのため、加奈さんの頭に浮かんだ答えは「いい人がいればいつでも」というものでした。

でも、ここで仲人と決めるのは次の誕生日までにとか、来年のクリスマスまでにとかという、はっきりしたゴールでした。そこから逆算して、いつまでに真剣交際に入るのか、何人とお見合いするのかといった具体的な目標を決めていくというのです。

少し考えて、加奈さんが口にしたのは「35歳までに結婚したい」という希望でした。

「35歳くらいまでに同年代の人と結婚して、穏やかで温かい家庭を築きたいですね。子どもも1人は欲しいかな」

「加奈さんがお子さんを1人は欲しいと考えているなら……」

加奈さんの希望を聞いて、仲人は静かに説明を始めました。35歳以上は高齢出産となり、医学的に妊娠の確率が下がることや、妊娠・出産でさまざまなリスクが高くなること。そして、35歳までに1人産むとすると、34歳になったくらいには妊娠している必要があること……。

「ってことは、私はもう32歳なので、あまり時間がないですね」

仲人と一緒に逆算していくことで、意外と時間に余裕がないということに加奈さんは改めて気づかされました。

そこで新たにゴールを「33歳までに結婚する」と定めた加奈さんに次の面談までの宿題として仲人から出されたのは、プロフィール写真とプロフィール文の作成でした。写真はお見合い写真を得意とするフォトスタジオを仲人から紹介してもらい、さっそく予約を入れました。

あとはプロフィール文か……。これといって趣味や特技といえるようなものもないしなぁ。

過去にマッチングアプリを使っていたときは、アプリ内のプロフィール例文を参考に当たり障りのない内容を登録していたけど、今回は婚活用のプロフィールだし、家庭的な感じをアピールしたほうがいいのかな。でも、本当の私はそうでもないし。困ったなぁ……。

婚活用のプロフィール文で自分をどう表現すればよいものか迷った加奈さんは、次回の面談でさっそく仲人に相談してみようと考えていました。

解説　準備編：1〜3日目

プロの仲人は単なる「世話好き」じゃない

結婚相談所で婚活を続けていく最大のメリットはプロの仲人のサポートが得られるということです。プロの仲人は、成婚までの道のりでどんなところでつまずきやすいのか、どのように解決していけばよいのかを熟知しています。そのため、プロの仲人のサポートを得ることができれば、結婚までを最短距離で駆け抜けることが可能になります。

令和の仲人の経歴はさまざまです。私の結婚相談所でもウエディングプランナーや結婚式場の司会、ブライダルジュエリーの店員などのウエディング業界から転職してきた人もいれば、広告代理店の営業やアパレルの店員、保育士などまったく畑

違いの業界から転職してきた人もいます。いずれにしても、仲人たちは成婚に最短距離で導くためのノウハウを共有し、担当する会員のデータを分析してアドバイスをするので、会員は納得して行動に移すことができるのです。

ある仲人は婚活をロールプレイングゲーム（RPG）にたとえます。RPGでは決断が必要な場面で主人公が選択肢を選んでいきますが、婚活も同じように、決断を下していくのは本人です。そのかたわらで、ガイド役として道筋を示すのが仲人というわけです。仲人がするのは選択を押しつけることではなく、今どんな状況なのかを的確に把握し、最短でゴールにたどり着ける選択肢を示すことです。婚活をしていて「この人だ！」という相手に巡り合い、互いのタイミングやフィーリングが合うと、そんな二人はあっという間に成婚に至ることを仲人はよく知っています。だから、そういうご縁がいつ来るのかを気に掛けつつ、必要なサポートをしながらそばで見守るというわけです。

ゴールを決めると婚活のスケジュール感がつかめる

婚活を開始するにあたって重要なのは、ゴールを明確に設定することです。「結婚しなきゃ」という焦りから結婚相談所に入会する人のなかには、どういう人と結婚したいかとか、どのように活動していきたいかとかいう具体的なイメージがない人も少なくありません。その人がなぜ結婚したいのかによってもゴール設定の仕方は変わってきますし、子どもが欲しいのかどうかによって、婚活のスピード感は大きく変わってきます。

せっかく結婚相談所に入会しても、いい人がいたら結婚したいなどとぼんやりとしたイメージでいると、具体的な結婚像や理想の相手像が描けないままに時間ばかりがどんどん過ぎていきます。決断を先送りにしないためにも、仲人と対話しながら自分の希望や考えを整理して、婚活をスタートする時点できちんとゴールを設定

活動における目標設定

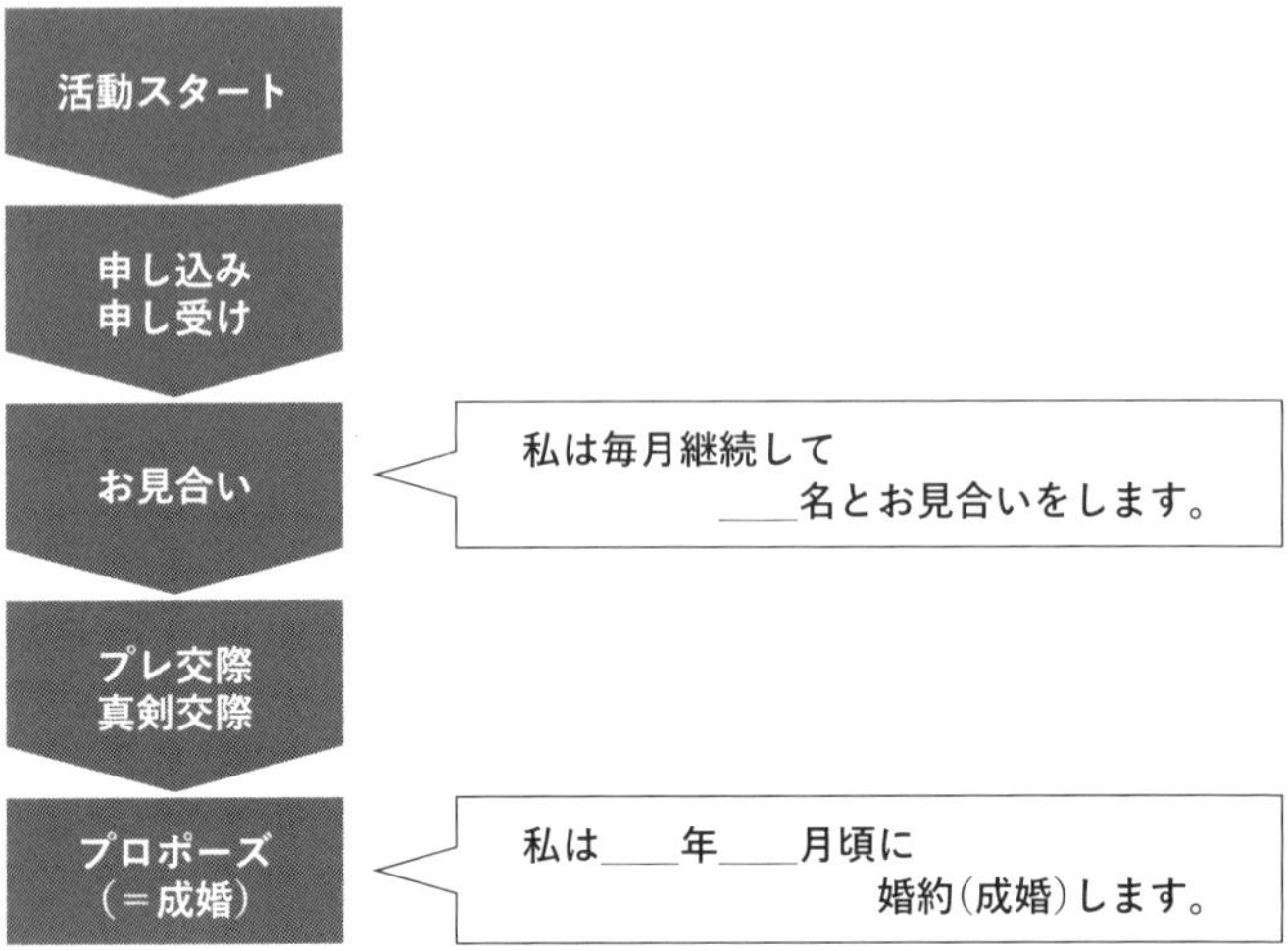

しておくことが大事です。

目指すゴールを明らかにすることで、いつ頃までに交際を開始している必要があるのか、いつ頃までにプロポーズかというマイルストーンが自ずと見えてきます。

お見合いなくして成婚はあり得ません。いつまでに真剣交際に入るのか、そのためにはいつまでにプレ交際に入っている必要があるのかを確認したら、そのために自分は毎月継続してどれくらいの人とお見合いをしていくのかを決めていきます。月に何人とお見合いをするのかは各自のペースに応じて決まります。そうやってゴールを明確にしてから活動を開始していくのです。

客観的に自分を見て、マイナス要素をゼロにする

婚活をしていくうえで、早い段階で整えておきたいのが身だしなみです。婚活では清潔感があるかどうかによって相手に与える第一印象が左右されます。清潔感のイメージをつかむために、例えば「女子アナをイメージしてください」とアドバイスすることもあります。女性の場合、アナウンサーがまとっている雰囲気や服装、メイクなどを手本にして身だしなみを整えると、多くの男性に良い印象を与えることができるからです。

「女子アナ」といってもいろんなタイプの人がいます。そのなかから自分にとって

親しみやすいイメージのアナウンサーを目標にすると、ファッションなどをまねしやすいです。

結婚相談所に入会する人のなかには、これまでメイクやファッションにあまり興味をもてなかったという人も少なくありません。普段、プライベートではジーンズしかはかないので、「デートに着ていくようなワンピースなんて持っていないし、私らしくないから……」と尻込みする人もいますが、このタイミングで一着買っておけば、いずれはお見合いでも着ることができるし、デートでも着回しができます。

仲人はどのような写真が異性の目を引きやすいかを理解したうえでアドバイスをしますが、自己流を押し通す人ももちろんいます。その結果、思うようにお見合いが組めずに、お見合い写真を撮り直すというのはよくある話です。

本当は相性の良い相手だとしても、写真の時点でNGになると、土俵にも上がれず、チャンスを逃すことになりかねません。仲人のアドバイスに従って身だしなみを整えることは、選ばれるために自分を偽っているのではなく、理想の相手と出会う確率を上げるためにちょっとした工夫をしているのだととらえましょう。自分らしさを出すのは、お見合いのあとからでも遅くはありません。

マッチングアプリや婚活パーティーなどを使った自力での婚活とは違い、仲人という第三者からのアドバイスを得られるのは大きなメリットです。仲人は会員がどんな人と結婚したいかに合わせて、服装やメイクのアドバイスをすることもできます。自分ではどんな服を選べばよいか分からないという人には、仲人が買い物に同行することもあります。このようなオーダーメイドのサポートができるのも仲人型の結婚相談所で婚活をする利点の一つです。

外見を見直したら、次は普段なにげなくやっている仕草にも意識を向けるようにします。どんなに表面を取り繕おうとしても、緊張したときほど普段の振る舞いが出やすいので、普段から自分の仕草に気を配るようにするといざというときの失敗を防ぐことができます。

特に、ものを持ったり、手渡したり、受け取ったりといった場面では、普段どのようにものを扱っているかが出やすいので要注意です。粗雑にものを扱っている様子が見えてしまうと、相手のなかでのイメージが一気にダウンしてしまうことになりかねません。

最初のうちは気が張っているので気をつけていても、徐々に気が緩んでくると普段なにげなくやっている仕草が出てしまうことがあります。腕組みをしていたり、椅子に座って待っている間に膝が離れて脚を開いていたり、猫背になっていたりということは印象が悪くなりやすいポイントなので、待ち合わせのときやデート中など、疲れてきたときほど気をつけたいところです。

自分のプロフィールの見せ方を考える

婚活の準備をするにあたって多くの人が頭を悩ませるものの一つがプロフィールの文章です。就職活動の自己PRとは書き方が異なりますし、普段SNSなどで

プロフィールの文章の５つのポイント

PROFILE

- □ 性格（客観的に書く）
- □ 仕事（普段の働き方・将来の働き方の希望）
- □ 趣味
- □ 休日の過ごし方（自分の好きな過ごし方）
- □ 結婚への姿勢

使っているプロフィールの文章とも違います。自分のことをよく見せようとする独り善がりの文では相手の心に響きません。

プロフィールで書くべきことの柱は自分のことと、結婚への姿勢の２つです。具体的には、次の５つのポイントに沿ってプロフィールを作成します。

□性格

ここで記入するのは、自分が思う自分の性格ではなく、客観的に見た自分の性格です。客観

視するのが難しい場合は、友人や仲人に自分はどんな性格かを聞き、「周りの人からは〇〇な人と言ってもらえることが多いです」のように書くと自然だと思います。

□仕事

現在なんの仕事をしていて、どのような点にやりがいを感じているのかを書きます。加えて、結婚してからも仕事を続けたいのか、どういった働き方をしていきたいのかなどの将来の働き方の希望も書いておくと、相手側が結婚したあとの生活をイメージしやすくなります。

□趣味

趣味についてきちんと書いておくと、実際に会ったときに共通の話題として話を盛り上げることができます。趣味の定義はあいまいで、趣味といえるものがないという人もいると思います。その場合は、好きだと思うもの（こと）を書いておくだけでも人柄が見えやすくなるのでおすすめです。

□休日の過ごし方

自分の好きな過ごし方を書きます。アウトドアが好きなのか、家でまったり過ごしたいのかによって、今後のデートの仕方も変わってきます。

□結婚への姿勢

自分の理想とする結婚をイメージし、結婚したらどんな家庭を築きたいのかを具体的に文章で表現します。ポイントは結婚相手と「二人で」何をしたいかを書くことです。結婚して二人の生活が始まったら、自分にはどんなことができるのか、どんなことをしていきたいかを書きます。

自分で作成したものを仲人にチェックしてもらうと、自分では気づかなかった点に気づくことも。仲人は対話のなかであなたの魅力を引き出し、どうすればあなたの良いところをアピールできるのかを客観的にアドバイスしてくれます。

相手の心を動かす自己PR例文

悪い例

BAD

自己PR

学生時代から海外旅行が好きで、アメリカやヨーロッパに何度も行ってきました。
また機会を見つけて海外旅行を楽しみたいと思っています。
○○○○○○○○○○○○○○○○○○○○○○
○○○○○○○○○○○○○○○○○○○○○○
○○○○○○○○○○○○○○○○○○○○○○○○○○○○○○○○
○○○○○○○○○○○○○○○○○○○○○○○○○○○○○○○○
○○

良い例

Good!!

自己PR

旅行が好きで、これまでアメリカやヨーロッパを中心に訪れているので、旅先でコミュニケーションに困らない程度の英語が話せます。結婚したら私のお気に入りのスポットを案内しながら、旅を一緒に楽しみたいです。

逆に行ったことのない場所へ行くのも興味があるので、国内外問わず、おすすめを教えてもらえるとうれしいです！

婚活のプロフィールでは自分のことを知ってもらうことに加えて、相手に結婚後のイメージをしてもらえるかがポイントです。旅行が趣味の人を例に、良い例と悪い例を比較してみます。

悪い例は自分について書かれているだけで、プロフィールを読む相手への配慮がまったく感じられません。実質的な内容は同じでも、相手の存在を意識して書くようにすると、良い例のように婚活に適した自己ＰＲ文にブラッシュアップすることができます。

良い例のような自己ＰＲであれば、同じように旅行が趣味である人はもちろん、相手のことも受け入れる姿勢も表現されているので、この人と結婚して一緒に海外旅行に行ったら楽しそうだという印象を受けると思います。それが「会ってみたい」という気持ちにつながっていきます。

趣味の内容によっては、休日も出掛けていて家にはあまりいないのかなという印象を与えてしまうこともあります。例えば、アウトドアが好きな人であれば「子どもができたら家族で自然と触れ合う機会を多くつくって、子どもに自然のすばらしさや美しさを感じられるようにしてあげたいです」などと書くと、結婚後の家庭のイメージもできます。

逆に、プロフィールに書けるような趣味がないという人もいます。これといった趣味がなくても、例えば毎日自炊をしているなら「毎日料理をしています。得意料理は〇〇〇です」などという内容を入れると、無理にひねりだした趣味を書くよりもずっと良いです。甥や姪とよく遊ぶという人で将来子どもを望んでいるなら、子どもが好きでどんな母親になりたいかを書くというのも好印象です。

さらに結婚相談所では、「仲人目線のＰＲ文」がプロフィールに記載してあることが大きな特徴です。会員のことをよく知る仲人が、第三者として会員の魅力を説得力をもって表現しているわけですから、相手にとって重要な判断基準になります。熱意のある仲人が作成したＰＲ文は、会員の魅力を最大限に引き出してくれます。

第4章

90日間の賢い婚活［お見合い編：4～20日目］
理想の結婚相手なんて、最初は誰も分からない

STORY

見えないライバルの存在

プロフィールの写真と文面がそろって、いよいよお見合いの申し込みを始めることになった加奈さんが条件を入力して検索すると、たくさんの男性のプロフィールが出てきました。

「結婚相談所って、こんなにすてきな男性と出会えるのか……」

画面に表示された男性たちの写真を眺めながら、加奈さんは思わずそうつぶやいていました。

ひと月にお見合いを申し込める件数は決まっているので、その件数のなかで、この人もいいな、あの人もいいかもと選んでいる時間は実に楽しいものでした。

最初は3人に絞り込んで、お見合いを申し込み、お相手からの返事を待つことにした加奈さん。頭のなかは、もう相手とのお見合いやデートのことでいっぱいです。

ところが、お見合いは1件も成立しませんでした。

メイクもばっちりして、服装だって気をつけたのに、こんなことってあるの!?

加奈さんは、これまでの自分の頑張りがすべて否定されたような気持ちになり、がっくりと肩を落として仲人との面談に向かいました。

「3人に申し込んだのに1件もお見合いが成立しなかったんです。私ってそんなに魅力がないんでしょうか。やっぱり私なんか結婚できないのかも……」

すっかり弱気になっている加奈さんに向かって、仲人は言いました。

「加奈さんには見えないライバルが5万人近くいるんですよ」

「えっ？　それって、どういうことですか？」

加奈さんはプロフィール写真を見て、タイプだなと思う人だけお見合いの申し込みをしましたが、加奈さんがタイプだと思う人は、ほかの女性たちも同じように感じるので人気が集中しているのだと仲人は言いました。

「加奈さんが悪いわけではないんです。わざわざレッドオーシャンに飛び込んでい

るんだから、なかなかお見合いが成立しないのは当然なんですよ。加奈さん、ちょっと視点を変えてみませんか？」

これまでは一人で検索してお見合いの申し込みを送っていた加奈さんですが、仲人と一緒に考えていくことにしました。

「加奈さんの理想の結婚像はどんなものでしたっけ？」

「心が安らぐような穏やかな家庭をつくることです」

「今、加奈さんが選んでいる人たちは、その理想の結婚相手でしょうか？」

これまで外見を重視して選んだ相手のプロフィールの内容をよく読んでみると、加奈さんの思い描く穏やかな家庭を一緒に築いていくパートナーとしてはちょっと違うような気がしてきました。そこで、加奈さんは自分の理想の結婚を念頭において、改めてお見合い相手を探してみることにしたのです。

STORY

仲人を相手にシミュレーション

仲人と話すなかで見えてきた自分の理想の相手像に従ってお見合いの申し込みをしてみると、お見合いが成立しやすくなってきました。

次はいよいよ初めてのお見合いです。お見合いでは相手の詳しいプロフィールが事前に分かるので、実際にはどんな人なのだろう、と想像を膨らませながら加奈さんは考えました。

「そういえば、お見合いって何を話したらいいんだろう。初対面の男性と二人でいきなり会話が弾むのかな……」

お見合いの席に仲人は同席しません。相手のプロフィールとにらめっこしていても、どうしたらよいのか答えは出ず、急に不安になってきた加奈さんは仲人との面談でその気持ちを打ち明けました。

「じゃあ、シミュレーションをしてみましょうか」

仲人からの提案で、加奈さんはお見合いのシミュレーションをしてみることに。最初はぎこちなかった加奈さんでしたが、相手役の仲人からフィードバックをしてもらいながら何度か繰り返すうちに要領をつかむことができてきました。

解説　お見合い編：４～20日目

相手を見極めるポイント

　プロフィールの準備ができたら、いよいよお見合いに向けて行動を起こしていきます。私の結婚相談所を例に挙げると、男女合わせて約９万５０００人の会員がいるので、その約半分、５万人弱の異性と出会えるチャンスがあるということになります。自分だけの目線で選ぼうとするとどうしても偏りが出ますので、プロである仲人の助言も得ながら活動をしていくようにするとよいです。

　最初はお見合いの申し込みをしても、必ずしもお見合いに結びつくとは限りません。なぜかというと、高収入で身長が高く、さわやかでルックスも良い人気の男性に申し込みが集中するからです。自分が申し込んでいる人がどれくらい人気があるのかを認識せずに同じような人にばかり申し込んでいては、激戦を勝ち抜かなければれ

ばならず、なかなかお見合いが成立しないのです。

たくさんの男性のなかから条件で絞り込んだり、自分の好みで相手を選んだりしていくのは楽しいものです。ただ、視点を変えるとあなたも同じように条件や写真で選別されているということでもあります。結婚相手を選ぶうえで大事なのは、見た目や条件よりも考え方が合うかどうかです。お見合いを申し込む際には、自分が本当に望む相手像をはっきりさせることが大切です。

相手を見極めるポイントは次のとおりです。

♡お見合い相手を見極めるポイント

◎譲れない条件を絞る
◎結婚観や価値観に共感できるか
◎共通項がどれだけあるか
◎写真に振り回されない

◎譲れない条件を絞る

会員専用アプリの検索画面では、理想の相手に求める年齢や身長、年収などを細かく条件設定できるため、「こうだったらうれしい」と理想が先行し自ら選択肢を狭めてしまうことがあります。

まずは自分の理想の相手や結婚生活をイメージして、ここだけは譲れないという条件を見極め、その条件に沿って相手候補を見るようにすると自分の理想から逸れにくくなります。例えば、住まいや働き方、子どもについてなど、結婚したらどの

ような生活をしたいのかをイメージすると、そのためにはどのくらいの世帯年収が必要であるのかということや、どんな人を求めているのかなど、本当に理想とする条件が自ずと見えてくるのです。

◎結婚観や価値観に共感できるか

結婚相談所を通して探すのは恋人ではなく結婚相手です。これから先の人生をともに歩む相手を探すのですから、写真の印象や条件だけで判断するのではなく価値観に共感できるか、一緒にいて居心地が良さそうかという観点が大事です。

プロフィールには結婚観や価値観が把握できる項目として、「家族関係」「お金の使い方」「育児や家事分担の考え方」などがあります。自己PRの文章を読み比べるだけでも、価値観の違いが見て取れます。

◎共通項がどれだけあるか

お見合いの場で互いにまた会いたいという気持ちにならなければ、その先の交際には発展しません。趣味や価値観に共通点があれば話が弾んで楽しい時間を過ごすことができます。プロフィールを確認してどんな共通項があるかを探してみましょう。ただし、共通項がない場合でも、お互いの異なる部分を理解することで交際に発展する可能性も十分あります。

◎写真に振り回されない

写真で見るのと実際に会うのとでは、受ける印象は異なります。写真の見た目を最優先に活動していたときにはなかなかうまくいかなかった人が、プロフィールから自分と合いそうな人と試しにお見合いをしてみたところトントン拍子に結婚に至るケースも少なくありません。見た目にこだわり過ぎてしまっているときは、清潔感や表情に注目するにとどめておくと新たな道が開けることがあります。

「会ってみてもいいかも」を大事にする

お見合いの申し込みを何件もしていくと、婚活の市場と自分の立ち位置が見えてきます。自分の婚活市場での価値を知るのは、成婚するという結果を出すためには避けては通れないプロセスです。

最近の結婚相談所ではAI（人工知能）を使って活動状況を分析しているところもあります。お見合いを断るときに理由を入力するシステムになっていれば、断られた理由が何なのか分かるので、改善すべき点が見えてきます。

プロフィールで断られる比率が平均より高いようなら、プロフィールの文に改善の余地があるということです。年齢で断られる比率が平均より高ければ、「男性は自分より年下とお見合いをしたがる傾向がある」ということを踏まえて申し込みをしていくというようにシフトチェンジすることもできます。最終的な成婚相手においい

成婚相手との年齢差

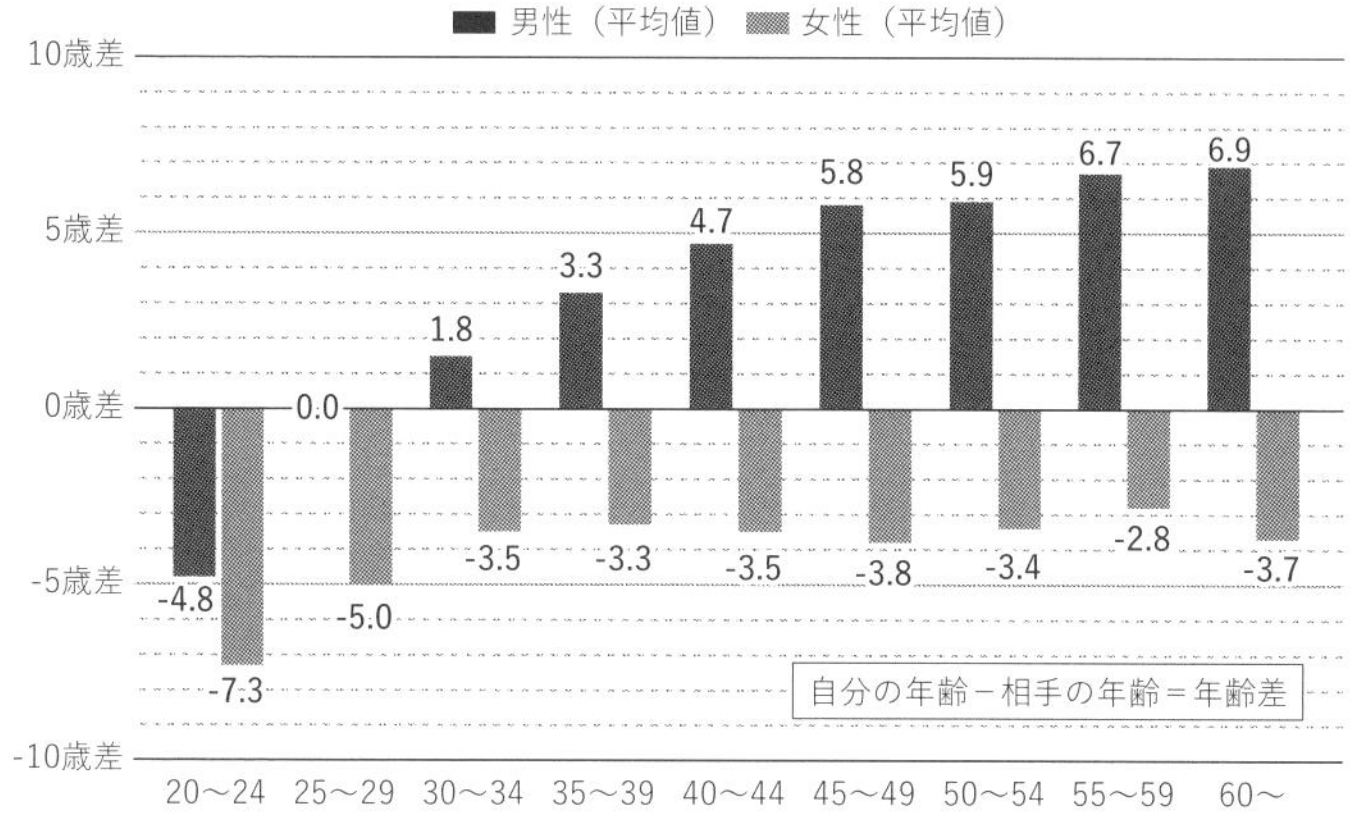

出典：IBJ成婚白書（2022年）

ても、データにあるように幅広い年代で男性は年下の女性を、女性は年上の男性を選ぶ傾向にあります。

自分がお見合いの申し込みを受けた場合は、「会ってみてもいいかも」と思えるようなら、迷わず会うようにするほうがよいです。

とはいっても、見た目がタイプでないと嫌だという人もいますし、高収入であることは外せないという人もいます。なかなかお見合いが組めないと「妥協したほうがいいでしょうか？」と言いだす人もいます。「妥協する」と言うのは簡単ですが、結

婚は一生のことです。もしその条件をどうしても譲れないなら、無理に妥協する必要はありません。

実際にどうしてもスペックの高い男性と結婚したいと激戦に身を投じていく人も一定数はいます。そういう場合には、仲人は心を鬼にして、メイクのことや、服装のことなどを厳しくアドバイスし、人気の男性に選んでもらえるようにサポートしていきます。男性は年齢と見た目を最優先している人が大多数なので、見た目を変えるのがお見合いに至るいちばんの近道だからです。メイクを変えたり、服装を変えたり、ダイエットをしたりという方向で頑張ってお見合いを組んでいくと、イケメンばかり追いかけていた人が、いつしか自分にフィットする人を選んで申し込みをし始めるようになります。これは妥協したわけではなく、活動を続けていくうちに自分に合う人が分かってきて理想の相手像が変わっていくからです。

結婚相談所に入会する前にマッチングアプリなどを利用していた人のなかには、成功体験がないままに経験値だけが増えていて、プロフィールを見ただけで「どうせこういう人なんだろう」とか「私とは合わないだろう」と頭で考えて幅を狭めてしまう人が多いです。例えば、今までの人生における数人の男性とのお付き合いの経験から「長男とは合わなかったから」とか、「こういうプロフィールの人はこうだったから、この人もそうだろう」というような先入観をもってしまいがちです。しかし、仲人と一緒に活動を続けるなかで対話を繰り返すうちに、「会ってみないと分からない」という結論に至って、たくさんの人に会い、そのなかから自分にフィットする相手を見つけていくようになります。それは妥協ではなく、自分にとって大切なことが明確になったということです。

お見合いに臨むときの5つの心得

心得1　第一印象で相手の心をつかむ

お見合いで好印象を残すには第一印象が重要です。当たり前のように聞こえますが、第一印象で相手の心をつかむことができれば、前向きな気持ちでお見合いが進み、デートにもつながりやすくなるのです。

まずは、初めて顔を合わせた瞬間に身だしなみで損をしないように、服装や小物などを整えておきましょう。良い印象を与えるポイントは「清潔感」です。お見合い当日はプロフィール写真に近い服装を心掛け、髪や爪、靴などもきちんと手入れをした状態で臨むようにしてください。

お見合いの服装は、一般的なオフィスカジュアルを意識するとよいです。例えば、明るい色のブラウスやワンピースなど、柔らかいシルエットの服がおすすめです。男性側もジャケットやシャツなど、ＴＰＯに応じた服装をしているので、あまりにカジュアルだと結婚への本気度を疑われかねません。逆に、必要以上にかしこまった服装だと、人柄が見えにくくなります。迷うことがあれば仲人に相談すると、プロの目による客観的なアドバイスが得られます。

　メイクは肌のきれいさを引き立てるようなナチュラルメイクを心掛けてください。「ノーメイクだと女性らしさが感じられない」という男性も一定数いるので、普段はあまり化粧をしないという人でも、お見合いでは最低限のメイクをするのがマナーだと考えましょう。

　ただし、頑張り過ぎてメイクが濃くなると、逆にマイナスな印象につながることもあります。また、香水や柔軟剤などの強い香りが苦手な人もいますので、何事もほどほどにしたほうがよいと思います。よかれと思ったことで損をしないように、身だしなみの点でマイナスになりかねない要素は前もってつぶしておくことが大事です。

お見合い当日は約束の時間に遅れることのないよう、時間に余裕をもって待ち合わせ場所に向かってください。初めて互いに顔を合わせる瞬間は、誰しも少なからず緊張するものです。だからこそ、待ち合わせ場所に相手が現れたら自分からあいさつをするようにしてみましょう。

心得2　相手の話を聞くときのポイントは、うなずき・相づち・アイコンタクト

お見合いでのありがちな失敗として、相手に良い印象をもってもらおうと自分のアピールに必死になり、一方的に話し過ぎてしまうことがあります。お見合いの場で本当に大事なのは「相手の話を聞く」ということです。相手の話をにこやかに受け止めたうえで、共感や関心を示していくと、相手は「自分に関心をもって話を聞いてくれている」と感じます。それこそが相手に良い印象を与えることにつながります。

相手の話を聞くときのポイントは、うなずき・相づち・アイコンタクト。これらはどれも相手に関心があることを示す行動です。もし相手が、自分の話をうなずいたり相づちを打ったりしながら聞いてくれたとしたら、そして自分の目を見ながら笑顔で共感を示してくれたとしたら……。多くの人がその相手に好印象を抱くはずです。

会話の内容については、まずは相手のプロフィールに書いてある趣味を話題にするとお互いスムーズに話し始めることができます。会話をしているときは明るくハキハキとした応対を心掛けます。お見合いの席で楽しく話せて盛り上がりやすいのは旅行や食べ物の話です。カジュアルな話題で緊張がほぐれてきたら、様子を見ながら仕事の話にも軽く触れたり、友人の話をしたり、終盤になったら差し支えない範囲で家族の話をしたりするというように展開していくと、お見合いの時間はあっという間に過ぎていきます。

ただし、どんなに話が弾んだとしても忘れてはならないのは、「お見合いはお互いのフィーリングを確かめる場」であるということです。お互いのプライベートに深く踏み込んでいくような話や、双方の家族の詳しい話などをするのはもっと先の段階になってからです。お見合いの席での会話はたわいのないレベルにとどめておきましょう。

とはいえ、なかにはライトな会話を楽しむこと自体が苦手だという人もいます。そういう場合には、共感の相づちにプラスして、相手の話を促す質問をするようにすると会話が弾みやすくなります。

例えば、趣味について話す場面で

女性「プロフィールに体を動かすことが好きとありましたが、何かスポーツはされるんですか？」

男性「テニスが趣味で、月2くらいでやっています」

女性「テニスをやっているんですね！　私も学生の頃3年間テニス部だったんです。いつ頃からやっているんですか？」

男性「僕は社会人になってからなので、7年くらいです」

女性「7年も続けているんですね。すごい！　どんなきっかけで始めたんですか？」

というように、会話を広げていくことができます。

相手の話を聞くことに徹し過ぎてしまうと、自分がどういう人なのかが相手に伝わらないため、自分と相手の話す割合は自分：相手＝4：6になるくらいを意識しておくとほどよい会話になります。適度に自己開示をしながら会話のキャッチボールを楽しむようにしてください。相手から聞かれたことに答えつつ、新たな情報を一つプラスして話を広げるようにしていくと会話が盛り上がります。

心得3　会いたいと思った理由をさりげなく伝える

お見合いでは、あいさつを交わすタイミングが3回あります。1回目は待ち合わせ場所に到着したとき、2回目はカフェでドリンクを注文したあと、3回目は帰り際です。このうち、2回目のドリンクをオーダーしたあとに会いたいと思った理由を伝えるようにすると、交際に発展する確率が上がります。

例えば、ドリンクの注文が終わったタイミングで「○○さんとは業種が同じなので、感じていることも似ている気がして、ぜひお会いしたいなと思っていました。今日はよろしくお願いします！」というように切り出すと、相手は「自分のことを理解したうえでお見合いに来てくれたのだ」と感じます。自分に関心をもってくれている相手のことは、誰しも気になるものです。自ずと相手のなかであなたの優先順位が上がり、お見合いが終わったあとに相手から交際希望を出してもらえたり、こちらから交際の希望を出したときにOKの返事をもらえたりする確率が上がるわけです。

その会話の流れで、相手からも会いたいと思った理由を聞くことができればベストです。というのも、会いたいと思った理由は結婚相手に求めることそのものであるケースが多いからです。例えば、「プロフィールを見たときに、優しそうな人だと思った」という理由であれば、その人は結婚相手の女性に優しさを求めていると考えられます。相手と交際を進めていくことになったら、このときに聞いた内容が非常に参考になります。もし、その相手とは交際に至らなかったとしても、今後の婚活に役立てることもできます。

会いたかった理由を互いに話すことができたら、会話を楽しみながら、フィーリングが合うかを確かめていきます。

お見合いでのお茶代は男性が払うことが多いですが、自分も財布を出したり、負担にならない金額の焼き菓子などを用意しておいて渡したりすると、帰り際により良い印象を残すことができます。会話が楽しめたと感じていたり、また会ってみてもいいかも……という気持ちになっていたりすれば、「今日は楽しかったです」「ま

たお会いできたらうれしいです」などと自分の素直な気持ちを言葉にして伝えるようにしましょう。そうすると、相手の胸のうちでも「また会いたい」という気持ちが高まります。

心得4　次の約束につなげることを目指す

お見合いの最大の成果は、互いに「また会いたい」という気持ちになって、次のデートの約束をとりつけることです。次に会うときには二人はプレ交際の段階に入っていて、食事をしながら2〜3時間程度のデートをすることになります。

この段階では互いに複数の相手と同時進行でお見合いやプレ交際をしている状態でもあります。あなたが交際に進みたいと思うような相手であれば、ほかの女性も交際したいと考えている可能性が高いのだということをくれぐれもお忘れなく。

もし、お見合いでの感触は悪くはなかったけれど交際に進むかどうかを悩んでいるという場合は、迷わずプレ交際に進んでみることを勧めます。お見合いの1時間では気づかなかったような相手の良いところが、デートを重ねていくにつれて見えてくることもあるからです。

お見合いからプレ交際に進むにあたっては、女性のほうが慎重になる傾向があります。よくあるのは、相手のことを減点方式で見ているために、なかなかプレ交際に踏み出せないケースです。その場合には、相手の良いところを3つ探すつもりでお見合いに臨んでみましょう。重要なのは、相手の良いところをたくさん見つけることではなく、減点方式で相手を見てしまいそうな自分を認識すること。そして、相手の良いところを探そうというマインドに切り替えることです。たった1時間のお見合いだけで「この人は自分の理想の人ではない」と判断して可能性を切り捨てていたら、いつまで経っても前に進めません。ひとまずプレ交際に進み、何回か会って相手の良いところを探してみようという意識で活動する人のほうが、相手の好ま

しい面を見つけることができたり、関係性を築いていったりすることができるので成婚が近くなるのです。

お見合いの経験を積んでいくと、良くも悪くもお見合いをすることに慣れてきます。そうすると「この人はないな」と思ったら手を抜いたり、自分が「いいな」と思った人にだけ頑張ったりということをし始める人が出てきますが、それは自分の経験値を上げるチャンスをみすみす逃すようなものです。特に、これまでに交際経験が少ない人ほど、どのお見合いにも全力で向かうようにしましょう。お見合いの場で異性と話すことに慣れていくと、いざ自分のタイプの人とのお見合いが成立したときに、必要以上に緊張することなく自分の良さをアピールでき、次のデートの約束をとりつけられる可能性が格段にアップします。

心得５　うまくいかなかったときは仲人と一緒に対策を考える

お見合いが終わったら、内容を振り返って仲人に報告します。どういう状況だったのか、そのときどういう気持ちでそういう行動をしたのかといったことを仲人に伝えましょう。お見合いの様子について仲人と話すうちに、自分はこういうところがあったかもしれないとか、こういうところが難しくて行き詰まっているのかもしれないということに自分で気づいていく人もいます。

私の経営する結婚相談所では、マイページ上で相手ごとにレポートの入力ができるようになっています。お見合いを振り返りながら記入することで自分の気持ちを整理でき、仲人との面談の際にも、より適切なサポートを受けることができるようになります。このレポート機能を使った人と使わなかった人の成婚率を比べると、約3倍もの差が出ています。

記入するときには、相手とどんなことを話したのか、相手の良い部分や気になる

部分はどこか、自分の気持ちはどうなのかといったことについて、事実と自分の気持ちをありのままに書きましょう。自分はこの相手との交際に前向きなのか、相手に対する温度感はどんなものか、悩んでいるのはどんなことなのかなど、じっくりと自分と向き合って書き出してみることで、気持ちが整理できることもあります。

お見合い後に交際を断られる理由として多いのは、「自分に対して興味がないように感じた」というものです。お見合いのときに会話が弾まずに、片方が一方的に話すばかりになってしまったり、会話中にまったく笑顔がなかったりすると、相手は「この人は自分に興味がないのでは……」と感じます。自分に対して無関心に見える相手と、「また会ってみてもいいかも」と思えないのは当然のことでしょう。

ただ、断られた側に仲人がヒアリングをしてみると、本当は相手に対して関心があったのに、それをうまく表現できていなかっただけというケースは少なくありません。相手を好ましく思っているのに、その気持ちが伝わらずに終わってしまうというのは双方にとって不幸な事態です。相手からの断りの理由を踏まえて仲人とともに今後の対策を考えていくと、同じような失敗を避けて先に進むことができるようになります。

例えば、なかなか会話がうまくいかないのであれば、仲人とシミュレーションをして会話の練習をしたり、プロフィールを一緒に読み込んでどんな質問をすれば会話が弾むかを考えたりすることもできます。表情が硬くなりがちな人であれば笑顔の練習をするなど、それぞれの状況に合わせて仲人は細かいサポートをしていきます。

ほかの婚活ツールを使って一人で活動している場合は、原因を探ろうとしても自分自身の推測の域を出ることはできません。しかし、仲人の目線が入るとつまずきの原因が明確になって改善もできるので、自信をもって次に臨むことができるのです。

第5章

90日間の賢い婚活［交際編：21～60日目］
心理的な距離を縮めて「好き」を育てていく

STORY

相手のことを「好き」なのか分からない……

お見合い相手の鈴木さんと会話が弾み、楽しい時間を過ごすことができた加奈さんは交際を希望し、鈴木さんも同じ気持ちだったため、二人はプレ交際に進むことに。

仲人からは「毎日連絡して、週に1回デートをする」というペースを守ることが大事だと言われました。

毎日連絡するのか……。プレ交際に進むといっても、まだお見合いの席で1時間話しただけだし、何を連絡したらいいんだろう。ちょっと面倒だなぁ。

そう思いつつも、まずはアドバイスに沿って連絡してみることに。最初の数日はお見合いの話題と絡めた内容を送ったりもしましたが、だんだんと話題も尽きてきます。

「毎日連絡するように言われているのは相手も同じだし、連絡が来るのを待っていればいいよね」

そんなふうに考えて、次第に相手への連絡を後回しにするように。

プレ交際期間は同時にほかの男性ともお見合いを進めることになります。いろんな男性とお見合いをしたりデートを重ねたりしていくうちに加奈さんは気づきます。

私、今プレ交際をしている誰に対しても「好き」っていう気持ちがないかも……。

加奈さんはこれまで、結婚と恋愛は別物と割り切って婚活をしていました。しかし、ここにきて相手に恋愛感情もないのにデートを重ねてもいいのだろうかという迷いが生まれてきたのです。

STORY

「毎日連絡を取る」ことのハードルを越える

自分から連絡することをすっかり諦めてベッドに横になろうとしたとき、ちょうど仲人からの連絡が入りました。

「加奈さん、お相手と毎日連絡を取り合っていますか？」

ドキッとした加奈さんは、仲人に相談をしてみることに。

「毎日連絡しようとは思うんですけど、いざLINEを開くとなんて送ればいいのか悩んで、結局送りそびれちゃうんです。しかも私、この人のこと好きって気持ちがないなぁなんて思ってしまって……」

「まだお見合いの席で1時間話しただけの相手ですから、話題を見つけるのも大変ですよね。今は『おはよう』とか『おやすみ』とか、そんな簡単な内容でもいいんです。内容よりも、やりとりを続けて習慣化することが大事なんですよ」

「内容よりもやりとりを続けることが大事」という言葉に少し気が楽になった加奈さん。仲人を信じて、その夜メッセージを送ってみることにしました。

解説　交際編：21～60日目

交際初期に「交際の形」をつくる

プレ交際初期に目指すのは相手を知るための土台づくりです。「毎日連絡して毎週デートする」という交際の形をつくることで、双方の気持ちが高まっていきます。

一般的な恋愛のプロセスでは、先に「気になる」「好き」という気持ちがあって、相手にアプローチしようと「連絡を取る」「会う」といった行動を起こしていきます。

これに対し、まず「連絡を取る」「会う」といったことからスタートして、頻繁に連絡を取ったりデートをしたりという行動を重ねていくうちに、いつしか「気になる」

「好き」という気持ちが芽生えてくるのがお見合いから始まる婚活のプロセスです。

忘れてはならないのは、自分が複数の相手を同時に比較検討できるということは、相手からも比較検討されているということです。どんなにお見合いの印象が良くても、その後自分に対して好意をまったく示してくれない相手と、お見合いの印象は普通でも頻繁に自分への好意を伝えてくれる相手とではどちらを結婚相手に選ぶかといえば、断然後者のほうが選ばれやすいです。

LINEなどでコミュニケーションを取るのが苦手であっても、同時に複数のライバルがいるのだという意識をもって自分からこまめに連絡をするようにするのが大切です。そのため、仲人のなかには相手と毎日連絡を取れているか、デートの約束の状況はどうかをタイミングを見てリマインドするようにしているという人もいます。性格やペースに応じてほどよいタイミングで連絡をするというのは、生身の人間だからこそできるサポートです。

ＬＩＮＥのやりとりはスピード感が大事

交際の段階では、毎日のやりとりにＬＩＮＥを使うのが主流です。交際の初期には長文を送るよりも短めの文で内容を端的に伝えるようにします。その際に、そっけなく感じさせないように気をつけ、相手を思いやる気持ちを忘れないようにするのが肝心です。毎日何か連絡しなければと自分の日常を報告するだけのメッセージばかり送っていると、気持ちが一方通行になってしまいます。

「今日は仕事が忙しくて疲れたよ。これからごはんです」とか「今日はお休みで、起きたら昼だった」とかいった日常報告だけでは、相手に「だから何？」と思われてしまうことも。自分の日常をつぶやくかのようなメッセージを送るのではなく、相手がどう受け止めるかも考えて、相手への質問を添えれば返信してもらいやすくなります。

男性のなかにはＬＩＮＥでのやりとりに慣れていない人もいて、どんなやりとりをすればよいのか悩んでいることもあります。そのため、メッセージを送るときには相手が返信しやすい内容を心掛けるとメッセージのやりとりがしやすくなります。

例えば、デートでの会話を思い出して

「この間おすすめしてくれた本、読んでみたよ。面白かった！　またおすすめの本教えてね」

「そういえば繁忙期って言ってたよね。疲れがたまっていたりしないかな？」

というような、相手のセンスを肯定したり体調を気遣ったりするメッセージは好印象であるうえに、相手も返信がしやすいです。

デートの誘いのきっかけとなるようなメッセージも相手の気持ちを盛り上げます。

「○○さんが好きそうなピザのおいしいお店を見つけました！　もしよければ、今度一緒に行きませんか？」

「この前話していた○○へ行ってみたいな……次の週末に一緒に行かない？」

などと楽しい話題を振ったり、素直な気持ちを投げかけたりしてみると相手もうれしいと感じるものです。

加えて、メッセージの文面に「うれしい！」や「それ、私も好き！」といった前向きな言葉を入れるようにすると、相手は自分が肯定されていると感じることができ、励みにもなります。

デート前には「明日のデート楽しみだね！」と楽しみにしている気持ちを表現し、デート後には「今日は楽しい時間をありがとう！　次は今日話していた〇〇に一緒に行ってみたいな」と次の約束のきっかけになるようなメッセージをすぐに送ることで、交際が順調に進みやすくなります。

やりとりをする際にはスピード感が大事です。なかなか返信が来ない人よりも、やりとりがスムーズでデートの約束がすぐに決まる人のほうが先の段階に進みやすい傾向があります。ただ、大事な話の場合は、文章で伝えるとニュアンスが正しく相手に伝わらないことがあるので、会ったときに伝えるようにします。

交際が始まったばかりの段階では相手の連絡ペースがつかみづらく、返信がないと不安になるものです。相手をじらすように意識的に返信を遅らせるというのは結

婚相談所の婚活ではNGです。

逆に、既読が付いているのに相手からの返信がなかなか来なくて不安になり、返信を催促するのは相手の恐怖心をあおることになってしまうためやめたほうがよいです。返信がなくて不安になったとしても、丸一日は待つようにし、あまりに返信が来ないようなら、仲人に相談するようにします。

また、仕事中や深夜に頻繁にメッセージを送るのも、相手にストレスを与えてしまうので控えたほうがよいでしょう。

女性はそう簡単には恋に落ちない

実は、プレ交際初期では男女の温度差がはっきり出やすくなります。もちろん個人差はありますが、男性のほうが比較的気持ちが盛り上がりやすく、女性のほうが

男女間の気持ちの大きさ（交際初期〜成婚まで）

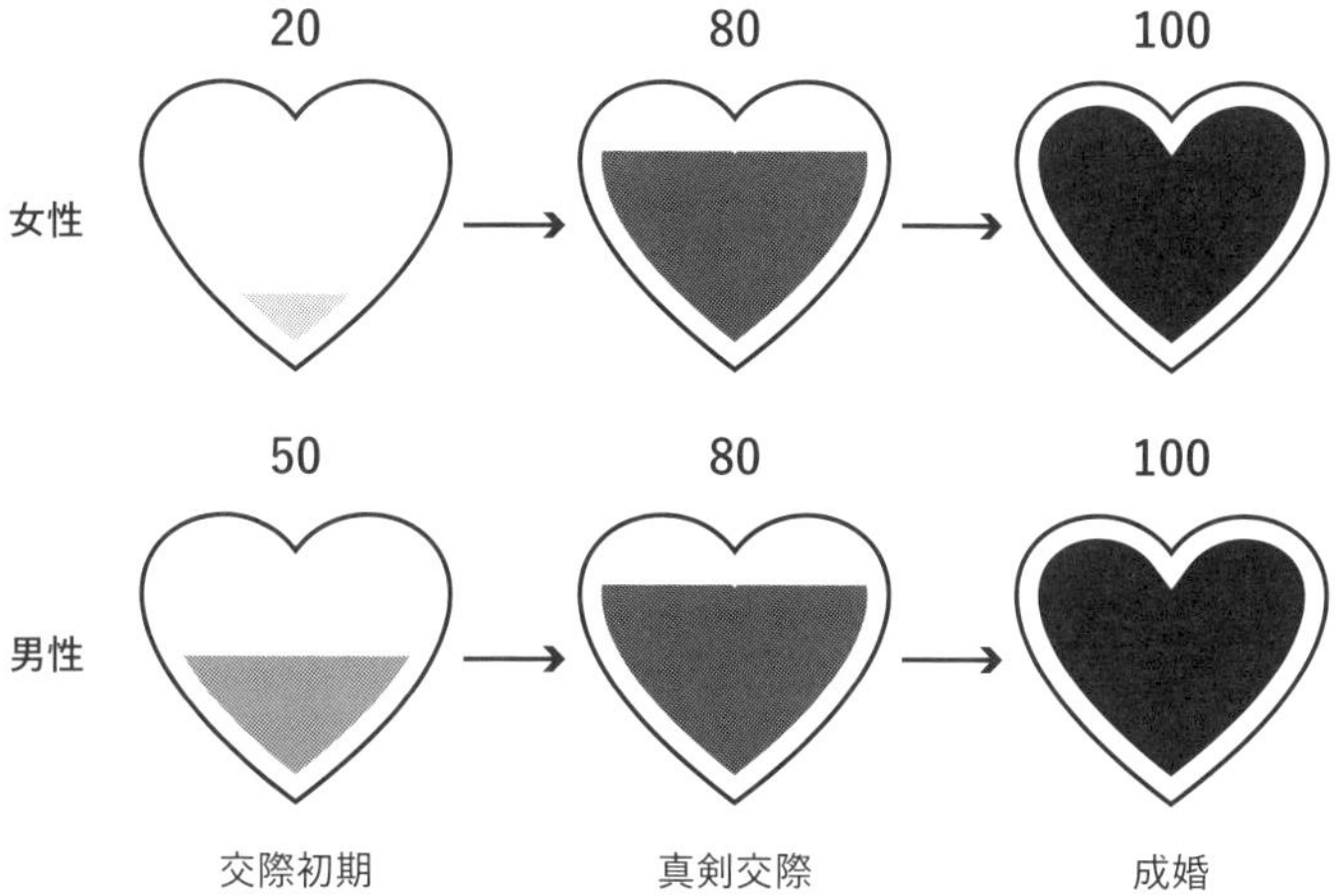

慎重な傾向があります。

成婚の時点での気持ちを１００とし、真剣交際に入るときの気持ちを80と数値化すると、男性は見た目を重視する傾向があるので、最初から50ぐらいの気持ちをもっていることが多いです。一方、女性は最初の段階では、あっても20ぐらいというのが仲人の肌感覚です。それを真剣交際に入る前後までに80にもっていくには、互いのやりとりのなかで気持ちを育んでいくプロセスが欠かせません。仲人が「毎日連絡し、毎週会う」というペースを守るように口を

酸っぱくして伝えるのはそのためです。

特に、プレ交際の段階では双方がいくらでもほかの異性と会えるのでライバルがたくさんいる状態です。今この瞬間にも相手の隣には真剣交際に入ろうとする相手がいてもおかしくない段階なので、自分の気持ちを20から80にもっていくのは男性からのアプローチだと考えるのではなく、こまめに連絡を取り合って互いに気持ちを高めていくことが大切です。

慎重なタイプの女性からよく聞くのが「相手のことを好きなのか分からない」という言葉です。デートを重ねるなかで互いに先に進むかを見極めていけばよいのですが、最初の段階で「恋愛感情がもてなくて……」「好きになれそうにないから」と2回目のデートで終了を繰り返していると前には進めません。

詳しく話を聞いてみると、「気が合わなくはないけれど、結婚したいかというと、それほど前向きでもない」という気持ちが語られることが多いです。

そんなときに仲人が投げかけるのは「一緒にいて楽しい?」「自分から会いたいと思う?」という問いかけです。これまでのデートを振り返ってみて、自分から会いたいと思えるかどうかが次の段階に進むかどうかの判断基準になります。

なかには「いい人だけれど、スキンシップは嫌だ」とか「異性としてドキドキはしない」という人もいます。そういう人には1回手をつないでみてはどうかとアドバイスする仲人もいます。実際に手をつないでみても、やっぱり無理だったなら、その交際は終了して次に進めばよいということになります。

この段階で「また会いたい」と思える理由がなければ、断る勇気も必要です。「いいな」と思うところがどうしても見つからないのであれば、いったん見切りを付けてほかの人に目を向けることができるのが結婚相談所を利用して婚活する場合のメリットでもあります。

そもそも女性はそんなに簡単に恋には落ちません。最初は「ナシかも」と思っていた人がだんだんとアリになっていくということも多いです。今までの人生で、出会ってすぐに異性を好きになったことがあるのかを振り返ってもらうと、「そういえば友達からでした」という人が多いのもそのためです。

ご縁を逃しやすい人の特徴

この時期にデート後の面談のなかでよく出てくるのが「相手が~してくれない」という不満です。連絡をくれない、デートに誘ってくれないなど、相手に何かしてもらうことが当たり前のようになって、自分からアクションを起こさなくなる人もいます。

時代が令和になっても、男性にリードしてほしいと考える人は少なくありません。しかし、互いに相手を一人に絞る前のプレ交際の段階であれば、男性もどういうふうにリードすればよいか分かっていない場合が多いです。そのため、どうしてほしいのかを自らの言葉で相手に伝えるようにしていくと、互いの理解が深まります。

例えば、デートのお店を決めるときも「どこでもいいです」ではなくて、「こんなところに行ってみたい」と自分の希望を伝えることで、男性側も女性側の好みを把握することができます。デートの相談などのやりとりを続けているうちに、自然と相手のなかで気持ちが上がっていきます。リードを求めるのはそれからです。

受け身な姿勢の人のなかには、自分からの誘いを断られて傷つきたくないという人もいます。頭のなかで想像して失敗しないようにとリスクヘッジをし過ぎてしまうと、せっかくのご縁を逃すことにもなりかねません。この、「傷つきたくない」というハードルを早めに越えられるかどうかが、今後の婚活を左右します。

とある36歳女性のケースでは、女性のほうに真剣交際に進みたいという気持ちはあるものの、男性の様子に手応えを感じられず、真剣交際に踏み出せずにいました。彼女は断られて傷つきたくないという理由から、特に進展もないままに交際期間だけが長引いていきます。

仲人と女性はこれまで二人三脚で婚活を進めてきて、腹を割って何でも話せるくらいの信頼関係ができていました。そこで仲人は心を鬼にして女性に「どうしても傷つきたくないならそのままでもいいけれど、このままズルズル付き合っていれば、

あなたは結婚できないまま一つ歳を取ることになる。今変わらなかったら、あなたはこの先も傷つきたくないと言って逃げるの？」と問いかけました。

仲人の言葉をきっかけに女性はこのままではいけないと気づき、本来彼女がもっていた積極性を表に出すようになりました。そして、今までは仲人に相談していたことを、相手にも伝えられるようになっていきました。すると女性の変化に触発されるように、相手の男性から告白があって二人は真剣交際に入りました。

結婚相談所の婚活では、ほかの女性と同じことをしていては結婚相手として選ばれるようにはなりません。ライバルたちよりも一歩リードするための近道は受け身の姿勢をやめることです。難しく考える必要はありません。次のデートの候補を複数用意しておくとか、「会いたい」「次のデートが楽しみ！」という素直な気持ちを表現するとか、リアクションを良くするとか、ほんの小さなことの積み重ねです。「この人は自分のことを好きかもしれない」と思うと、優先順位が一気に上がる男性は少なくありません。過去の経験に縛られず、「仲人に言われたからやってみる」というようにシンプルに考えて行動に移せる人ほど婚活がうまくいくことが多いのです。

そんな話をしても、「相手のことを好きでもないのにそんなことできない」という人もいますが、余計なプライドを捨てて積極的な姿勢で行動し始めた途端、婚活が急にトントン拍子に進んでいくのは決して珍しいことではありません。

同時進行できる上限を知る

お見合いからプレ交際の段階では、複数の人と並行してお見合いをしたりデートをしたりしていくことになるのが一般的な恋愛とは異なるところです。複数人を相対的に比較することで、自分にはどんな人が合うのか、何を求めているのかが見えてくるので、婚活では重要なプロセスになります。

5人以上でも同時進行ができる人もいますし、1人でいっぱいいっぱいだという人もいますが、同時進行の上限は3人程度という人が多いです。いずれにせよ、自分の限界ラインを見極めるのが大事です。

人によって何人まで大丈夫なのかというキャパシティは違いますが、実際にやってみないと本人にも上限はつかめません。お見合いやプレ交際相手が増えていく段階で、仲人は注意深く様子を見守っていきます。

仲人と一緒に交際の振り返りをしているときに、デート中に相手の名前を間違えて呼んでしまったとか、LINEを送る相手を間違えてしまったとか、前回のデートと同じ話をして退屈な顔をされてしまったとかいった話が出てくることがあります。自分の体は一つしかなくて、婚活に使える時間も限られています。自分のなかで優先順位が高い人が現れたときに、たくさんの人と交際を続けていると、自分が本当に時間を掛けたい人に時間を割くことはできません。

何人と交際しているかにもよりますが、複数とデートをしていたり、さらに新たにお見合いをしていたりすると、1人に割ける時間が少なくなるので長時間のデートを組むのが難しくなります。そうすると、どの相手とも関係性が深まらず、一人を選ぶ段階まで気持ちが上がりません。そんなときは、仲人と一緒に、自分のなかでの優先順位や交際の状況を整理して、自分にとって理想の相手に注力できる環境をつくっていきます。「今自分のなかで優先順位が高い人と1日デートに行くと考えたら、どの人ですか?」と仲人から問いかけて、一緒に整理していくこともあります。優先順位を付けるときは、感覚的に付けていく人もいれば、理屈で整理していく人もいますが、どちらでも構わないので自分のやりやすいほうで整理していきます。

段階によって理想のデートスポットは変わる

交際は初めの1カ月がカギとなります。初めのうちは2~3時間の食事デートを

重ね、徐々に半日デート、1日デートへと進めて相性を確かめていきます。デートは次のような段階を踏んでいきます。

◎短時間の食事デートで互いのことを知る

仕事が終わってからや休日などに、少しおしゃれなレストランやカフェ、居酒屋などでの食事を楽しみながら互いのことを知り合っていきます。

◎半日デートで一緒にいて居心地が良いかを確認

短時間の食事デートで互いのことが分かってきたら、今度はランチやディナーなどの食事にお出掛けスポットをプラスして、半日のデートをします。複数の相手と同時進行でデートをしている状態から、結婚を前提とした相手一人に絞っていくための見極めの期間でもあります。この段階のお出掛けスポットの定番は水族館や映画館などです。半日のデートで、あっという間に時間が過ぎたと感じるようなら居心地がいい証拠です。

◎1日デートで結婚へ向けて関係性を深める

相手を一人に絞って真剣交際に入ったら、1日デートで結婚に向けて関係性を深めていきます。ぶつかることがあっても、話し合って解決できる関係性を築いていけるようになれるのが理想です。デートでインテリアショップなどを訪れると互いに結婚生活のイメージをしやすくなります。

お茶や食事デートに終始して、なかなか次の一歩を踏み出せないカップルもいます。いつまでもお茶を飲みながら表面的な世間話ばかりをしていては、お見合いの延長線上から抜け出せず、一向に仲が深まりません。相手と仲良くなりきれないと前に進めずに気持ちが下がってきたときは、デートの仕方を変えることで気持ちが上がることもあります。

この段階でおすすめなのは、二人で同じことに取り組むデートです。動物と触れ合ったり、クラフト体験などをしたり、謎解きをしたり、手軽なスポーツでともに

体を動かしたりというように二人の思い出を増やしていけるようなデートで、関係性が深まります。

これまではいい人止まりだったのが、どんなことも気軽に率直に話せる友達のような関係になったり、友達以上恋人未満という段階になったりしていって気持ちのギアが上がり、自然と二人の親密度も変わっていくのです。この頃には敬語が外れたり、名前で呼び合ったりするのはもちろん、義務的にしていたＬＩＮＥも日常になじみ、返事を送り合うのが楽しくなっていったりします。

気持ちが上がらないというのは、婚活期間全体を通してよくある悩みです。気持ちが今後上がる可能性があるかどうかは確認しないといつまで経っても分かりません。それを確かめるには、とにかく会うことです。会ってみても上がらないなら、潔く交際終了の判断をすべきです。

気持ちが上がったかどうかの基準は人それぞれです。この段階で相手に気持ちがあるという状態は、異性というよりは今後の人生を一緒に過ごす相手という視点から相手のことを見て、「一緒にいて居心地がいい」とか「気兼ねなく話せる」という言葉で表現できることが多いです。

次も会ってもよいかと思えるかどうかというのは、この段階でも大事な判断基準です。「会いたい！」という強い気持ちというよりは、「一緒にいると楽しいからもう一回くらい会ってみようかな」というくらいの気持ちがあれば、この段階では十分です。

目的に応じたコミュニケーション

デートはより積極的なコミュニケーションを取って互いのことを知ったり、価値観やライフスタイルが合うかを確かめ合ったりする場なので、デート中につまらなそうにするのはもってのほかです。スマートフォンを頻繁に見たり、不機嫌そうな顔をしたりしていると、相手は「自分に興味がないのかな」と感じてしまいます。積

極的にデートを楽しむことで会話が弾めば印象が良くなるだけでなく、互いの理解も深まるのです。

価値観やライフスタイルが自分と合うかを確かめるには、目的に応じたコミュニケーションのコツがあります。

◎相手のことをもっと知りたいとき

意識して口角を上げ、適度にリアクションを入れながらにこやかに話を聞いていると相手は楽しそうに聞いてくれていると感じて気持ちよく話せますし、あなた自身を魅力的に見せることにもつながります。相手のことを知りたい気持ちが先走って唐突に質問をすると身辺調査のような印象を与えてしまうため、話の流れに応じて自然に聞くように心掛けます。

◎自分のことを知ってほしいとき

自分のことを知ってほしいときは、当たり障りのない話に終始するのではなく、意図的に素の自分を見せていくことが大切です。家族の話をしたり、過去のエピソードを話したりする際に、そのときの自分の気持ちを織り交ぜるようにすると、あなたの物事の感じ方や考え方が自然と表れて、相手があなたのことを理解しやすくなります。

ただし、自分の話ばかりしてしまうとあなたの印象が悪くなりかねません。相手にも話を振りつつ、相手の反応を見ながら自分のことを話すようにしましょう。

◎将来のことを話し合いたいとき

将来のことをフランクに話し合えるようになるために、デート中互いに幸せなイメージを共有できるように笑顔で楽しく会話するようにします。自分から切り出しにくいときには、「一般的にはこうみたいだけど、○○さんはどう思う？」などと話を振ってみるとスムーズに話すことができます。

仲人に報告するときのポイント

仲人は、お相手との進捗や心境の変化を誰よりも気に掛けています。デートのことを報告するときは、事実とあなたの気持ちが伝わるように知らせることが大切です。次のように報告すると、仲人も次に向けたアドバイスがしやすくなります。

〈例1〉初めてのランチデート

初デートでランチをしながら互いの家族や友人の話をしました。話を聞いていると、学生時代の友人との関係を大切に育んできた様子が伝わってきて良い印象を受けました。「下の名前で呼んでもいいですか?」と自然な流れでリードしてくれて、次のデートの日時と場所も決めることができました。

デート前は、LINEの返信もすごく遅くて期待できないかなと思っていたのに、デートでこんなに話が弾むなんてびっくりしています。会話が楽しくて、1時間のデートがあっという間でした。次は結婚観についても話してみたいなと思っています。

仲人としては、この例のようにどんなことを話し、どう感じたのかを報告してもらえると、状況やあなたの気持ちを把握しやすくなります。次にどんな話をしたいのかを事前に伝えてもらえば、会話のシミュレーションをしたり、どんなふうに話題を掘り下げるとよいのか、会話を深めるうえでの注意点などをアドバイスしたりすることもできます。

〈例2〉仕事帰りのデート

今日は仕事帰りに1時間会いました。仕事が忙しいようなのですが、時間をつくってもらえたことがうれしいです。会話の内容としては仕事のことを話したので

すが、私への質問が少なくて、私にあまり興味がないのだろうかと不安になっています。最近はＬＩＮＥの返信が前よりも遅くて、うまくいかないかもと心配です。私としてはこの交際がうまくいくとうれしいと思っているので、今度相談させてください。

この例のように、どんな心配事があるのかをその都度報告してもらえると、仲人は早い段階で対策をアドバイスすることができます。心配なことは早めに解決するに越したことはありません。モヤモヤを抱えながら自力で活動するのではなく、仲人に話して一緒に考えると良い解決策が見つかることもよくあります。その交際がうまくいくとうれしいと思っているのなら、あらゆる状況に対応できるノウハウを数多くもっている仲人に相談しない手はありません。

〈例３〉真剣交際を視野に入れた１日デート

今日は水族館→カフェでお茶→ショッピングモール→予約していたレストランで

ディナーというデートでした。ショッピングモールでお互いの服を選んだり、家具を見たりしながら日常生活を気持ちよく過ごすためにどんなことにお金を使うのか、どんな家庭をつくりたいのかなどの話をしたり、今までのデートを振り返ったりしつつ、今後どうしていきたいかなどの踏み込んだ話もできたと思います。また、最後のディナーのときに、真剣交際に進みたいというお話があったので、喜んでお受けいたしました。

どんなデートコースでどんな話をしたのかが分かり、二人の関係性の変化も読み取れるので、仲人としては次の段階でのアドバイスがしやすくなります。一歩一歩進んでいくなかで、順調であったはずなのに、これでよいのかと突然不安に襲われる時期もあります。成婚に至るまで、自分の気持ちを正直に仲人に報告していくようにすると、交際に行き詰まったときに早めに手を打つことができます。

ここまで紹介してきたのは、仲人とのコミュニケーションが豊かになる良い報告の例でしたが、なかには事実だけを記した報告をする人もいます。例えば、「有益な

話し合いができました。次の約束は調整中です」などという報告では、なんの話し合いをどのようにしたのか、その話し合いのなかでどのように感じたのか、相手に対して今どんな気持ちなのかなどといったことがまったく分かりません。事実とともに、そのときに自分がどう感じたのかを振り返っていくことは、自分の気持ちの整理にも役立ちます。

婚活をしていると、活動がうまくいっているときもあれば、うまくいかないときもあります。うまくいっているときは活動をしている本人も仲人も互いに話しやすいものです。逆にお見合いがなかなか組めなかったり、やっとお見合いに進んだもののの交際希望を断られたりといった時こそ、仲人と積極的にコミュニケーションを取るようにすることで苦しい時期を一緒に乗り越えていくことができるのです。

仲人がアドバイスをしたことについて、すぐに行動に移せる人と、こだわりが強く自分のやり方を変えたくないという気持ちをもっている人がいます。このように自分のやり方を確立している人たちは、いつもと違う行動をして失敗したくないという気持ちを抱いている場合が多いので、事前に仲人から、自分と同じように頑張っている人の失敗例などを聞くとよいでしょう。あらかじめ失敗例を聞いておくことで同じような失敗をしないようにリスクヘッジを図ることができます。そして、こういう場合は仲人もアドバイスを必要最低限にとどめます。自分が嫌だと感じることや気持ちが上がらないような行動はしないようにして、できるだけストレスをためずに婚活を続けることが大切です。

このように、仲人は婚活の状況に合わせて、また会員のタイプに合わせて伴走し、最適なサポートをしてくれます。

相手から「好き」と思ってもらうために

自分が相手のことを好きだと思う気持ちも大事ではありますが、真剣交際に向か

う段階では相手から好きと思われることが大事です。交際は双方の気持ちがそろって初めて成立するもので、相手から好きと思ってもらえなければ、交際相手を自分で選ぶことができないからです。とはいえ、相手に好きになってもらうための努力は一生続ける必要はなく、真剣交際に至るまでのほんの1カ月程度のことです。

二人の関係性を変化させるきっかけの一つに、会話の際に使ってきた敬語を外すということがあります。最初から自然な流れで敬語をやめて話すことができる人もいますが、緊張しやすい人だと「敬語を外しませんか?」と提案することすらハードルが高いと感じることがありますし、下の名前で呼ぶのも恥ずかしいという人もいます。

ただ、敬語で話す期間が長くなれば長くなるほど、敬語で話すことが二人の間で定着してしまって、やめることが難しくなります。まずはLINEなどの文字でのやりとりから敬語を外してみて、会話も徐々に変えていくというのも一つのやり方です。

敬語を外すとか、下の名前で呼び合うとかいったことは表面的な変化に思えるかもしれませんが、これだけで二人の心理的な距離が縮まり、話す内容も結婚を意識したものに少しずつ変化していきます。

3回目のデートを目安に敬語を外すことができる関係性が築ければ、次の4回目のデートからは結婚観の話をしていくことになります。ある仲人は結婚観のチェックリストを用意しておいて、今回はリストの1番から4番まで、次のデートでは5番から8番までを話してくださいというように、話す内容を整理して伝えています。そうすることであとから相容れない価値観の違いが出てくることを防ぐことができます。

結婚生活では、価値観が違うことよりも、価値観が違ったときに解決できないことのほうが問題になります。例えば、結婚に向けた話をしているときに、住む場所の話になることがあります。男性が先に「職場に近い東京都内に住みたい」と言うのを聞いて、自分は子育てをするのに親の援助が得られる実家近くに住みたいと思っていてもなかなか言いだせなくなる人がいます。しかし、そこで自分の意見を引っ込めるのではなく、意見が食い違うことが出てきたときにこそ、問題を解決す

る練習だと思って自分の意見を率直に言うようにするほうが次につながります。

価値観の違いが出てきても、話し合って解決していくことができるような関係性を築いていくためには、交際初期に相手のなかに「この人が好き」という気持ちが育つように努力しておくことが有効です。人は好きな人には喜んでもらいたいと思うものです。初期の段階で相手のなかに好きという気持ちが育つように努力すると、交際が進むにしたがって相手から尽くしてもらえるようになります。

相手に気持ちを伝えて真剣交際へ

プレ交際が進んで真剣交際が視野に入ってきたら、仲人は「結婚に向けての気持ちってどれくらい?」とか「お相手と結婚する可能性ってありそうですか?」と気持ちを確認していきます。

交際の形が週1回のデートと毎日の連絡というようにきちんとできていて、結婚に向けての気持ちがあれば、仲人同士が連携して相手の気持ちを先方の仲人に確認します。もし、結婚への気持ちがないとか、まだ分からないとかいう場合は、2週間から1カ月程度の期限を決めて交際を継続し、定期的に状況を仲人に話してこの交際を進めるか終了するのかを見極めて判断することになります。そして双方に結婚に向けての気持ちがあることが確認できれば、真剣交際に進みます。

双方に結婚への気持ちが多かれ少なかれあり、ほかの人との交際をやめて結婚を視野に入れて一定の期間交際するのが真剣交際です。

真剣交際に進むにあたって、「好きです」「結婚を前提に付き合ってください」などと言葉で相手に伝えることが大切です。海外では目線やボディタッチなどで巧みに気持ちを伝え合う文化が根付いているところもありますが、日本の場合はやはり言葉で気持ちを伝える告白文化が基本です。真剣交際に入る際の告白は男性側から伝えるカップルもいれば、女性側からの場合もありますが、「ずっと一緒にいてくだ

さい」というようなあいまいな言葉は避け、ストレートな表現ではっきり伝えるのが効果的です。

そして気持ちを伝えたあとに、きちんと伝えられたか、相手の反応はどうだったかを仲人に報告します。気持ちを伝えられたほうは、言われたときにどんな気持ちになったかを報告し、双方の気持ちにギャップがなければ真剣交際に進んでいきます。

告白を受けてうれしかったとか、安心したとかいった感想を抱く人は、スムーズに成婚まで進んでいくことがほとんどです。一方、真剣交際に進めるのはいいけれど、まだ実感がないとか、結婚まではイメージできないという人もいます。相手との結婚を意識して新たなほかの人とはお見合いをせずに一定期間、一対一で交際するという真剣交際の期間は非常に大事です。

真剣交際に進む頃には、お見合いの段階に比べて相手への理解が進んでいるはずです。恋愛感情が多少でも生まれていればうまくいきますし、仮にそうでなかったとしても、少し長めのデートで関係性を確認していきます。一緒に過ごすなかで自分が感じた思いを素直に伝えられるか、相手のためを思った行動が自然ととれるかなども基準の一つです。

気持ちを深めていくためには、相手の良いところや好きなところを言葉にして伝えていくことが大切です。「私がなかなか物事を決められないときにも、私の気持ちを尊重して待ってくれるのがありがたいなと思っています」とか「事前にデートの段取りを決めてくれて、いつもうれしく思っています」というようなことを言葉にして伝えるようにします。

「もしも一緒に住んだら」などと、二人の将来の暮らしを想像しながら会話をするのも有効です。もし二人で暮らせたらこんなことがしたいという話をすることで、結婚生活を強く意識するようになります。

第6章

90日間の賢い婚活［成婚編：61〜90日目］
ささいな不安も解消し、理想のプロポーズを実現

STORY

プロポーズまであと少し、けれど……

複数の相手とデートを重ねるうちに、加奈さんは「鈴木さんが私の理想の相手なのかも」と思えるようになっていきました。それは鈴木さんも同じで、二人は真剣交際に入り、いよいよ気持ちも高まってきた頃、仲人からは、そろそろプロポーズも近いかもしれないという話が出てきました。

「実は私、バラの花束を差し出しながらプロポーズされるのに憧れてるんです」

加奈さんの理想を仲人に話すと、仲人はニコニコしながら聞いてくれました。

「そんなプロポーズ、すてきですよね。私も憧れちゃいます。これから結婚に向かっていくなかで、思い描いている理想があれば口に出すようにしていくと、結構実現するかもしれませんよ」

仲人とそんな話をした夜、実家の母親から電話が掛かってきました。用事のついでに、加奈さんは思い切って結婚相談所で出会った人と交際しているという話を伝えてみると、母親は喜びながら、どんな人なのか、どれくらい付き合っているのかなどを根掘り葉掘り聞いてきました。ところがひとしきり話し終えると、加奈さんの母親はこう言ったのです。

「ところで、そんな短い交際期間で本当に大丈夫なの？」

鈴木さんのことが好きという気持ちが育ってきた加奈さんでしたが、改めてそう問われると不安な気持ちがあることも事実でした。

STORY

膨らみ始めた不安

プロポーズの予感が高まって結婚を意識するようになるに従って、加奈さんはこ

れまでまったく意識しなかったようなことが気になるようになっていました。自分で自分に「大丈夫！」と言い聞かせてごまかしてきましたが、母親と電話で話したことが引き金となって、不安はどんどん膨らんでいきます。

「この人と本当に結婚生活をやっていけるのかな……」

夜、一人で考えれば考えるほど不安になり、夜中の1時、加奈さんは自分の思いの丈をつづった長文のメッセージを仲人に送りました。

翌日、仲人から面談の提案があり、仲人の顔を見るやいなや、加奈さんは堰を切ったように鈴木さんへの不満を話し始めました。

「最近、彼の食べ方が気になっていて。パスタを食べるときに、お蕎麦を食べるみたいにすするんですよ。それから、なんだか服装もコーディネートが変だなって思うことがあって……」

話し出したら止まらなくなってしまった加奈さんの話を、仲人は遮ることなく、うなずきながら聞いてくれました。話していくうちに、加奈さんはふと気づきます。

「なんか話しながら思ったんですけど、これってそんなに重大なことじゃないですよね……」

仲人はにこやかにうなずきながら言いました。

「結婚が近づいてくると、誰でも不安になるものです。そういう小さなことが気になってくるのは、あなたの防衛本能が働いているということで、当たり前のことなんですよ」

その言葉に安堵したのと同時に、自分の不安を吐き出してすっきりした加奈さん。改めて結婚に向けて前向きな気持ちになり、次回のデートが楽しみになってきました。

解説 成婚編：61〜90日目

成婚に向けた段階別のチェックポイント

結婚相手として選ぶうえでは、「好き」という気持ちだけでなく、これからの生活をともにしたいと思えるかどうかという視点をもって見極めていきます。結婚に向けて、住まいや働き方、家事・育児の協力態勢、未来の家族への考え方、金銭感覚などについて話し合える関係性をつくっていくことが必要です。

相手との関係性が育ってきたかを見極めるときのポイントには次のようなものがあります。

Point プレ交際でチェック

□デートは週1回のペースで、双方から無理なく誘うことができていたか

□敬語での会話がなくなり、ニックネームや下の名前で呼び合えていたか
□電話やメッセージ交換を、ほぼ毎日自然にできていたか
□二人の将来に関わる内容（仕事・住まい・家族など）について話せているか

プレ交際中は「もしかしたら結婚するかもしれない相手」という関係性でしたが、真剣交際に入ると結婚を前提にお付き合いしている「彼・彼女」という関係になります。この段階のデートでは気持ちを育むだけでなく条件のすり合わせもしていきます。

Point **真剣交際でチェック**

□働き方（仕事を続けていくか・勤務形態はどうするのか）
□住まい（どこに住むのか・賃貸か持ち家か・親との同居の必要があるか）
□子ども（子どもが欲しいと考えているか・教育についてどう考えるか）
□結婚観（どのような結婚生活が理想か）

相手への気持ちがあれば、この4点の話題は30分くらいで詰めて確認していくことができてしまうものです。互いに気持ちがあってスムーズに進むご縁であれば、二人の間でどんどん話ができるはずです。お見合いのときから、この4点については折に触れて話してきているわけですが、「子どもが好きなので○人は欲しいと思っている」などと話すことがあっても、「○歳で産んで実家の近くで育てたい」「○○くんと同じように○○を習わせたい」と具体的な希望までは話さないことがほとんどです。

お相手とデートや対話を重ねるなかで将来のイメージが膨らみ、具体的な理想を思い描くことが増えるので、お見合いからプレ交際、真剣交際と進みながら同じ話題について言葉と角度を変えて話していく必要があります。

真剣交際に至っても、相手のことが好きかどうか分からないと揺れる人もいます。そんなときは、次の4項目をチェックしながら自分の気持ちを整理します。

Point **真剣交際でチェック**

□疲れているときや忙しいときでも、相手に「会いたい」と思えるか
□相手に気になることがあっても、良いところが上回るか
□素の自分でいられたか
□「してほしい」だけではなく「してあげたい」と思えたか

これらにチェックが入るようなら、デートを重ねるうちにいつしか相手に対して「好き」という気持ちが芽生え、恋愛感情が育っていくケースが多いです。逆にこれらの項目にチェックが入らなければ交際を終了するという選択も視野に入れるべきです。

真剣交際に入ると、順調に交際が進めばそこから1カ月から1カ月半で成婚して退会に至る人が多いですが、本人の気持ちはもちろん、相手の気持ちも大事なので、仲人は相手方の仲人との連携も取っていくことになります。

そして双方の気持ちを鑑みて、アンバランスなところを整え気持ちを引き上げていきます。もし、女性の気持ちが上がっているのに相手の男性の気持ちが上がっていないようなら相手方の仲人と連携してどんな手が打てるかを考えなくてはなりません。そのためには、二人の現在の状況やどんな話をしているか、気持ちはどんな状態かなどの確認が欠かせません。成婚というゴールを意識して、確認できる情報はすべてチェックしていきます。

交際期間中は二人が向き合って互いのことだけ考えていればよかったわけですが、成婚すれば二人で同じ方向を向いて、並んで歩いていくことになります。

そうなったときに考えなければいけないのが、相談事を互いに話せているか、話していけそうか、何かあったときに相手を許せるか、といった自分の心に対する問いかけです。何か事情を抱えていた場合に話せるか、話していけるか、相手が何か事情を抱えていた場合は受け入れられるか、といったことも想定しておかなければなりません。そしてもし今すぐ答えが出なかったとしても、時間があれば受け入れる余地があるのかといった複雑な問いにも向き合っていく必要があります。

聞きにくいことほど遠慮せずに聞く

　価値観のすり合わせをせずにいると、成婚を目の前にして価値観の違いが表面化してくることがあります。時には、その条件があったら結婚は難しいというような事情が分かって破談になることも。これだけは自分にとって重要な条件だというようなことは、真剣交際に入る前に確認しておくことも大切です。

　特に、働き方に対する価値観や子どもについての考え方などについてどうしても相容れないものが出てきてしまうと、すり合わせることが難しく、成婚が遠ざかることにもなります。

　人によっては、「気になってはいたものの、聞いてよいものかどうか分からなかった」とか「自分からは聞きにくい」などと言う人もいます。宗教や国籍、借金など、ナイーブな話題はなかなか聞きづらいものですが、あとになってどうしても受け入

れられずに結婚が難しくなるくらいなら、先に聞いておいたほうがよいと伝えて、聞き出し方をレクチャーする仲人もいます。

そもそも、聞くのが怖いとか聞いてはいけないという感覚でいるから聞けないのであって、結婚相手になるかもしれないのですから、なおさら聞くべきなのです。結婚相談所なので、相手も聞かれるかもしれないということは認識しています。必要以上に遠慮する必要はありません。

真剣交際に進もうかどうしようか迷っている段階で気になる点があれば、仲人が先方の仲人と連絡を取って、「こういう点を懸念しているために迷いがあるので、次のデートでこんな話をするように促してもらえませんか？」という調整をするなど、話せる機会がつくりやすいように仲人同士でお膳立てをすることもあります。

成婚前にありがちな失敗事例

結婚相談所での婚活だとまず形があってそれから気持ちがついてくるというのが基本ですが、なかには気持ちだけで突っ走ってしまうカップルもいます。それでも話し合いやすり合わせができていれば問題ありません。しかし、相手のことを好きだという気持ちだけで突き進んでいると、結婚の決断を左右されるような重大な事実が出てきても目をつむってしまう可能性があります。結局あとでその問題と向き合わなければならなくなるので、気になることがあれば早めに解決しておいたほうがよいです。

お見合いの日に意気投合してすぐにプレ交際をスタートさせた女性の話です。二人はプレ交際に入ってから4日連続でデートをするくらい気持ちが盛り上がっていました。

その女性がある日、今後の結婚生活に影響のある事情が明らかになって、このまま交際を続けるかを迷っていると仲人に相談をもちかけたのです。仲人が「あなたの親御さんはなんと言っていますか？」と尋ねると、「あなたの選んだ人だから」と止められはしなかったそうです。女性は母子家庭で育っており、女性の選択を尊重したいという母親の気持ちも仲人には理解できました。女性は「母は反対しなかったんですけど、仲人さんはどう思いますか？」と尋ねると、仲人はこう伝えました。「あなたのお母さんであれば、娘の選んだ人だからと彼を受け入れてくれるでしょう。あなたもあなた自身が選んだ人だから彼を受け入れることができるでしょう。でも、将来生まれてくるであろう、あなたがたの子どもは父親を選べません。あなたは旦那さんと子どもと仲のよい家庭を築くことを理想としてましたよね。その思いが変わっていないのならば、私はそのご縁は心配なので勧めはしません」

女性は熟考の末、そのご縁を諦めました。今では別の男性と幸せな結婚生活を送っています。

相手のことを好きだという気持ちが盛り上がるのは良いことですが、一度冷静になって自分が大事にしたいと思うことは何かを整理することが大切です。一般的に真剣交際までに確認しておきたいとされる項目について自分は気になるかどうか、相手と話したかを仲人と確認していくとよいです。結婚は長い人生を歩むものなので、確認すべき項目は互いに話し合って結婚へのイメージをもつことも大事です。

気持ちだけで走ってきて成婚間際でごたごたするケースも珍しくありません。いざ結婚が目の前に迫ってくると不安になって、相手のあら探しを始めてしまう人もいます。

32歳の男性と26歳の女性のカップルの話です。互いを好きという気持ちで真剣交際までスムーズに進んできたのですが、成婚を前にして、男性が女性の家事能力を不安に思い始めました。その女性は実家暮らしであったため、親から自立できているのか、結婚したときにきちんと家事はできるのかということを疑問に思ったので

す。実家で暮らしていたのに貯金もほとんどできていなかったため、金銭感覚はどうなのだろうと、好きな気持ちで見えていなかったことが、いざ成婚間際になって気になり始めました。このケースでは、一時は破局寸前という状況にまでいきましたが、男性側の両親が説得してくれて丸く収まりました。その後二人は結婚し、今では子どもも生まれて幸せな家庭を築いています。

今の状態だけを切り取って見るのではなくて、今後生活していくなかで互いに変化していくことも考慮に入れて相手を見ることも大事です。

これらの例のように、相手のことをより深く知り、さらには結婚後を考えるタイミングにもなると新たな不安が生まれてくるものです。最初から最後まで「好き」の一本調子でゴールするカップルのほうが珍しいかもしれません。

一人で悶々と考えるのは避けて、そんなときにこそ、仲人を頼るべきです。面談をして、男性への不満をすべてぶちまけたあとに「私、いろんなこと話したけど、結構どうでもいいことでしたね」と自分で気づくということもあります。思いの丈を話し尽くすと気持ちが収まることも多いので、最終的に決断をするのは自分自身ですが、仲人はそこまでの過程に寄り添っていきます。

とはいえ、なかには目をつむってはいけない問題もあります。気になるけれどまあいいかと流してしまうとあとで大変なことになることもあるので、仲人は本当に大丈夫なのかを確認します。真剣交際で破談になりやすい例として、これから発生するであろう親の介護の問題や、まだ生まれてもいない子どもの教育についてなど、今二人の間で話し合ったところで結論が出ないことを話し合ってしまうことです。そのときは大丈夫かと思って流したものの、モヤモヤが残って解消できずにいると破談につながってしまうのです。自分たち二人だけで決められるわけでもない結論が出ない問題を話し合ったところで、二人の結婚に向けたモチベーションが下がるだけです。

実際に結婚生活が始まったら柔軟に変えられることも多いので、結婚生活についても細かいところまで詳細に話し合う必要はありません。重要なのは結婚生活の話をしたときに、一方通行にならないか、相手と意見が異なったときに「私はそう

じゃなくて」と意見を気兼ねなく言えるのかどうかがポイントになります。このように話し合いができる関係性をきちんとつくれれば、結婚したあとからでも話し合いができるはずです。

プロポーズ前に確認しておくべきこと

結婚相談所の婚活では、互いの気持ちを双方の仲人が確認したうえでプロポーズという流れになります。プロポーズまでに確認しておきたいのは次の3点です。

(1) 言いたいことが言える関係になっているか

成婚までは間に仲人が入ることもありますが、結婚生活は二人で営むことになります。幸せな結婚生活のためには、互いに自分の本音を伝え合うことができる必要があります。互いの意見が食い違ったときに歩み寄れるかどうかは重要なポイントです。

(2) 結婚後の生活イメージのすり合わせができているか

結婚すると、生まれ育った環境のまったく異なる二人が一緒に暮らしていくことになります。そのためには、どのような生活を送りたいのか、理想の生活イメージをすり合わせておくことが大切です。

(3) 親に紹介できているか

以前に比べれば、結婚は家同士のつながりであるという意識は弱くなりましたが、互いの家族と良好な関係を築くためにも、それぞれの家族に紹介するのは避けて通れないプロセスです。なかには成婚に至るまで、結婚相談所に入会したことすら伝えていないという人もいますが、二人は互いに結婚に向けて突き進んでいても、家

族から「待った」が掛かることがないわけではありません。仲人とも相談しながら、自分たちにとって適切なタイミングで互いの家族に紹介するようにします。もし、自分たちの気持ちを最優先にして、親に反対されても押し切って結婚する道を選ぶなら、親には一切頼らないという相応の覚悟が必要です。

家族の後押しによって結婚に向けての動きが加速することもあれば、家族の意見に左右されてまとまりかけたご縁が破談になることもあります。そのため、結婚相談所を退会する前に親に会うことを勧めている仲人もいます。

誰もが「うちの親は大丈夫」と言うのですが、家庭環境のエピソードを深く聞いていかないと本当に大丈夫かどうかは分かりません。将来的に、配偶者と親との意見が食い違ったときに、自分が間に入れるかということも非常に重要です。

あるカップルの例では、どちらの親も、子どもに家の名前を継がせたいし、同居してほしいと願っていました。互いに事情をすべて共有し、双方の親の言い分も把握したうえで、二人は成婚する決断をしました。名字は女性側が譲り、同居問題については5年ごとに女性側、男性側へと住み替えることにしたそうです。この解決の仕方に驚いた仲人に向かって、そのカップルは「私たちが時間を掛けて二つの家族を一つにすればいいんです」と語ったといいます。これは「この人じゃなきゃだめだ」という理由があって、本人たちが頑張ってどうにか解決策を見つけた例の一つです。

別々に生まれ育ってきた人同士を合わせていくには時間を掛けた調整が必要です。家庭環境が分かった時点で大きなズレがあるなら、ズレを調整できるのかについて二人で向き合う必要があるのです。

マリッジブルーを乗り切る

真剣交際に入り、この人と結婚したいという考えが固まってきたら、まずは仲人に自分の気持ちを伝えます。そうすると、仲人は先方の仲人と連携して成婚の意思やプロポーズのタイミングなどについて確認していきます。いつどんなシチュエーションでプロポーズされたいという理想のイメージがあるようなら自分の仲人に伝えておくと、夢見たプロポーズが実現する可能性が高まります。

成婚が近づいてくると漠然と不安になる人が出てきます。「うまく言葉にはできないけれど、結婚が怖い」というマリッジブルーの状態になる人は少なくありません。真剣交際から成婚への段階では、ちょっとした仕草やクセなどが急に目につくようになることもあれば、親戚も関係してくるような土地の問題や、親の介護のことなどが気になってくることもあります。さまざまな要素がごちゃまぜになると混乱するので、できるだけシンプルに考えるようにします。

二人だけで解決できないような大きな問題については、この段階で無理に解決しようとする必要はありません。互いに話し合える関係性ができていれば、結婚後に夫婦として落ちついて話し合いができるはずです。

真剣交際に入ってから1カ月から2カ月で成婚する人が多いなかで、順調に進んでいるように見えても、どこでこじれるかは分かりません。仲人はいつでも慎重に二人の様子を見守っています。例えば会員とのやりとりで、メッセージの分量が一気に増えたり、文末に「……」が増えたり、絵文字がなくなったりといったわずかな変化からトラブルの気配を察知する場合もあります。

この段階での仲人のアドバイスは今まで以上に冷静なものとなります。会員に幸せになってほしいというのが心からの願いなので、最終的な決断をするのは本人だとしても、言うべきことは言うと仲人は口をそろえます。

この段階の気持ちのあり方は2通りあって、恋愛感情の「好き」という気持ちが盛り上がっているか、「結婚相手として理想的だ」という気持ちが上がっているかの

いずれかです。

最初は「好きかどうか分からない」などと言っていた人も、この段階に至ると「今まで付き合ってきた男性のタイプとは全然違うけれど、これはこれでいいかも」と思うようになっていることが多いです。交際期間中にいろんなことがあるたびに自分の頭で考え、行動してきたことがすべて自分の納得感につながり、腑に落ちた状態になっているのです。

第7章

回り道だらけの婚活は、もう卒業！
仲人と手を組み、最短距離で幸せを手にする

STORY

夢見たとおりのプロポーズ

「次のデートは加奈さんの誕生日のお祝いに夜景のきれいなレストランを予約したので、いつもよりちょっとおしゃれしてきてね」

真剣交際中の鈴木さんからそんな連絡が入り、そろそろプロポーズなのかもと、加奈さんはソワソワしながらデートに向かいました。ホテルの高層階にあるレストランに入ると、鈴木さんは心なしか緊張しているように見えます。

互いになんとなく落ちつかないまま食事が進み、あとはデザートを残すのみというタイミングでお店の人が鈴木さんのところに持ってきたのはバラの花束でした。鈴木さんは花束と婚約指輪を加奈さんに差し出して言いました。

「僕と結婚してください」

「はい」

それは、加奈さんが夢に描いていたとおりの理想のプロポーズでした。思い起こせば、自力で婚活を始めたときには失敗続きでした。一向に結婚相手に出会えないマッチングアプリでもどかしい思いをしたり、街コンで出会った人に身元を偽られて人を信じられなくなるようなつらい思いもしたりしました。それが、結婚相談所に入会し、心から信頼できる仲人との出会いによって、今、このうえなく幸せな瞬間を迎えることができたのです。

家への帰り道、加奈さんは親よりも友人よりも先に、仲人にプロポーズの報告をすると、仲人はまるで自分のことのように喜んでくれました。

STORY

二人三脚で歩んだ90日

その後、結婚式までの間に鈴木さんとともに決めなければならないことはたくさ

んあり、時には小さなけんかになることもありました。結婚相談所は成婚退会したので、もう今までのように仲人には頼れません。それでも、二人の間には何でも話し合える関係ができていました。つまずいたときは、その都度二人で話し合って解決し、ついに結婚式の日を迎えたのです。

「二人の出会いは1年前……」

披露宴の司会者が二人を紹介したとき、加奈さんの脳裏には初めて仲人に会った日のことが浮かんでいました。それからの婚活の道のりで、仲人はいつも加奈さんに寄り添い、迷ったときには背中を押してくれました。加奈さんは披露宴に集まってくれた大切な人たちの顔を見渡しました。仲人と二人三脚で歩んだ90日間の婚活が加奈さんの人生の大切な思い出の一つになっていることを感じながら——。

解説 エピローグ

出会いから90日でプロポーズされる理由

90日で成婚したというと、そのスピード感に驚かれることもあります。期間が短いからといって、大事なプロセスを飛ばしているわけではなく、むしろ必要なことを効率よく進めるように仕組みができているからこそ、90日という期間での成婚が可能なのです。このように出会いから90日で成婚できる理由は3つあります。

1つめは、婚活を始めたときに作成したプロフィールです。このプロフィールには結婚相手の候補となる人に聞きたいことが網羅されています。例えば、家族構成や学歴、仕事、趣味など、プロフィールを見ればどんな人生を歩んできたのかがイメージできます。出会いの前の時点で相手がどんな人なのかを大まかに把握することができるので、本来なら出会ってから徐々に聞いていくようなことを、事前に知った状態からスタートできます。

プロフィールに書かれている内容の確認や、ほかに話すべき事情がないかの確認には、2カ月もあれば十分です。というのも、互いにゴールは結婚であることが大前提なので、自分の抱えている事情を聞かれても当たり前という心構えでいるからです。相手のことを知りたいという気持ちがあれば、1回のデートの間に知りたかったことをすべて明らかにできます。

2つめは会員が結婚を前提として入会してきているということです。恋愛を目的としたツールで出会った相手とは違い、互いに自分の理想の結婚観に合うのか合わないのか、あるいは自分は合わせていけるのかという本質的な部分を見て相手を判断していきます。最初は多くの人が「相手のことが好きかどうか分からない」と言います。しかし、短い期間に何度もデートを重ねるなかで深い話もするようになり、共通の思い出も増えていきます。そうこうしているうちに、いつの間にか恋愛感情が芽生え、相手がかけがえのない存在になっていたというケースはよくあります。

3つめは成婚までの道のりをすべて一人で頑張るのではなく、仲人がそばにいてサポートしてくれるということです。婚活のプロがもっているノウハウをその人に合わせてカスタマイズできるので、最短経路での成婚が可能になるのです。

こういった理由から、私の結婚相談所の婚活ではお見合いから90日での成婚が標準になっています。最新の技術を活用して効率化できるところは徹底的に効率化し、プロの仲人の力で一人ひとりに合わせた最適なサポートをすることができれば、結婚までは90日もあれば十分だと私は考えています。

90日間の婚活に不可欠な存在

結婚相談所を使った婚活では、まず形があり、あとから気持ちがついてくるという流れで進みます。交際の形を整えるときに仲人はペースメーカーとなり、良き相談相手にもなります。婚活の各段階に応じて、仲人は確認すべきポイントや、進め方のコツを伝えてくれます。

最初は壁にぶつかるたびに「どうしたらいいですか？」と何でも仲人に答えを求めていた会員も、仲人との面談や、仲人を通して相手からのフィードバックを受けることで、自分にはこんなところがあるんだなとか、こういう傾向があるのかと気づいていきます。本人が気づきを得れば、次にどうしたらいいのかという具体的なプランは仲人がたくさんもっているので、そのなかから自分に合ったやり方をカスタマイズしてもらえるのも、仲人とともに婚活をしていくメリットです。そうやって活動を進めていくうちに土台ができていくので、運命の人と出会えたときには90日で成婚に至ることができるのです。

成婚した人からは「最初は婚活をどう進めたらいいのか分からなかったけれど、その都度、『次はこういうふうに動いてみたらどうですか』という小さな行動目標を仲人さんが示してくれるのが良かった」「迷って仲人さんに相談すると、話しているうちに次にやるべきことが明確になって、どう活動していけばよいのかが分かりやすかった」という声が聞かれます。

このように仲人は婚活での心強い味方ですが、間違えてはならないのは、仲人は

「結婚させ屋」ではないということです。自身の仕事をマーケターだという仲人もいます。

その仲人はある会員に「私をどうやって売ってくれるんですか？」と言われたことがあったそうです。そのときに仲人はこう答えたそうです。

「あなたは私の商品ではありません。ご自身の商店の商品です。あなたが売りたいと考えているお客にあなたという商品をどう売っていくのがよいのかを考えるのが私の仕事です」

婚活を通して仲人とともに自分で考え、行動に移すということを繰り返しているうちに、いつしか「こうしてみたいと思うんですけど、仲人さんはどう思いますか？」というように、婚活の道を自走できるようになっていきます。

そうやって結婚に至った二人は人生で何があっても互いを尊重し、話し合って物事を解決できる夫婦となり、幸せな家庭を築いていくことができるのです。

真に理想の結婚とは

成婚した人に話を聞いてみると、婚活を始めたばかりの頃に追いかけていた「理想の相手」とはまったく別のタイプと結婚したという人も少なくありません。「結婚相手の第一条件は顔がいいこと！」と宣言してイケメンばかり追い求めていた女性が、人の内面に注目するようになって一緒にいると心が安らぐ相手を見つけたり、あるいは「結婚相手の年収は一千万円以上じゃなきゃイヤ」と相手の年収ばかり気にしていた女性が、自分の理想の結婚観を見つめ直して一緒にいて心から楽しいと思える相手と結ばれたりします。彼女たちは決して条件を妥協したわけではありません。自分にとって本当に大切なことは何なのかを見つけて、真の理想の結婚にたどり着いたのです。

「結婚したい」という気持ちから出発し、仲人と二人三脚の婚活をしていくなかで、多くの人が自分のこれからの人生を真剣に考え、時に迷いながらも自分にとっての幸せをつかんでいきます。結婚相談所での婚活は仲人とともに結婚までの道のりを90日という最短経路で進み、幸せに満ち溢れた真の理想の結婚にたどり着くことができるのです。

おわりに

私が日本初のインターネット専業結婚情報サービスをスタートさせたのは２０００年のことです。

当時の日本は、バブル崩壊後の金融ビッグバンを経て、銀行の再編が進んでおり、私が勤めていた日本興業銀行も例外ではありませんでした。そんななかで、このまま銀行で働き続けるのか別の道に進むのか、私自身もこれからの身の振り方を考えるようになったのです。私は日本興業銀行の、天下国家について熱く語り合う野武士集団のような風土が好きでした。

その一方で、世間ではＩＴ産業が台頭し始めており、銀行員として関わってきた従来の産業よりも新たに生まれたインターネットの分野に興味が湧いてきている自分もいました。

知人の事業を手伝いながら将来を模索していたとき、出会いの掲示板の運営をしてみないかという誘いを受けました。出会いの掲示板と聞いて、最初は正直ためらう気持ちもありましたが、結婚に関する仕事は少子化の進む日本社会にとって求められる大事な仕事だと考えて引き受けることにし、私はこの業界に足を踏み入れたのです。

当時、すでに大手結婚情報サービス会社は存在していました。そこで、任された出会い掲示板を、結婚を目的としたものに進化させて、すでにある結婚情報サービスをインターネットのみで完結できる形にしたうえで、価格を大手の10分の1に設定して業界に参入したのです。それが黒字化できた段階でYahoo! Japanのグループ会社となって、私は3年ほどグループ会社の社長を務め、従来のサービスを活かしながらYahoo!のお見合いサービスを展開しました。

このとき、会員数と売上は順調に伸びていきました。しかしその一方で、苦労したのが結婚に至るカップル（成婚）を出すということです。結婚情報サービスと謳いながら肝心の成婚率が低いというのでは看板に偽りありと言われても仕方ありません。厳しい現実に直面し、日本社会にとって大事な仕事だと考えて事業を始めたものの、「このまま続けていくことに意義があるのだろうか」という迷いを抱えるようになりました。

そんなときに出会ったのが、日本の伝統的な仲人と呼ばれる皆さんです。全国の結婚相談所を訪ね歩いて何十人もの仲人たちの話を聞いていくにつれて私が気づいたのは、結婚という大きな決断をするときには人の手によるサポートが重要な役割を担うということでした。

そこで、システムやアルゴリズムはＩＴの力を活用しつつ、全国の仲人たちの力を最大限に活かして結婚に至るカップルを増やすことのできる仕組みをつくろうと考えて２００６年にＩＢＪを設立し、結婚相談所事業をスタートさせたのです。

成婚（結婚カップル）数を増やすために私が最も力を入れてきたのは、「加盟店を増やすこと」「仲人の教育と育成」「理念の共有」の３点でした。

その結果、今では全国に結婚相談所の加盟店が４０００社超、会員数が約９万５０００人の日本最大の結婚相談所プラットフォームに育ちました。結婚相談所を運用するためのノウハウやインフラを仲人へ提供し、一致団結して取り組んできた結果、2022年には日本の婚姻組数のうち2・3%にあたる約1万2000組が私の結婚相談所から誕生し、日本で最も結婚カップルを生み出す会社となっています。

「とにかく結婚したい」という漠然とした思いから結婚相談所に入会した人も、結婚に至る道のりのなかで、自分にとっての結婚とはどんなものなのかを深く考えるようになります。その結婚をするために、自分にとっての理想の相手とはどんな人なのか、その相手とどんな家庭を築きたいのか……。自分一人で考えているだけではっきりと見えなくても、仲人と対話をしていくなかで次第に自分の考えが具体的に見えてきます。この仲人との対話をしているか否かで成婚率に大きな差が出ることは、私たちの23年の歩みのなかで数字が証明してくれています。

結婚に向かって歩を進め、決断をしていくのは、ほかでもないあなた自身です。しかし、結婚相談所を利用した婚活はあなた一人の孤独な戦いではありません。あなたのかたわらには仲人という心強い味方が寄り添い続けてくれます。仲人はあなたの理想の結婚への最短ルートを知っていて、あなたの幸せな結婚を第一に考えてサポートしていきます。

私はＩＢＪを「ご縁がある皆様を幸せにする」という経営理念のもと運営してきました。この本を通じて結ばれたご縁が、あなたを幸せな結婚へと導くきっかけとなったのなら、私にとってこんなにうれしいことはありません。

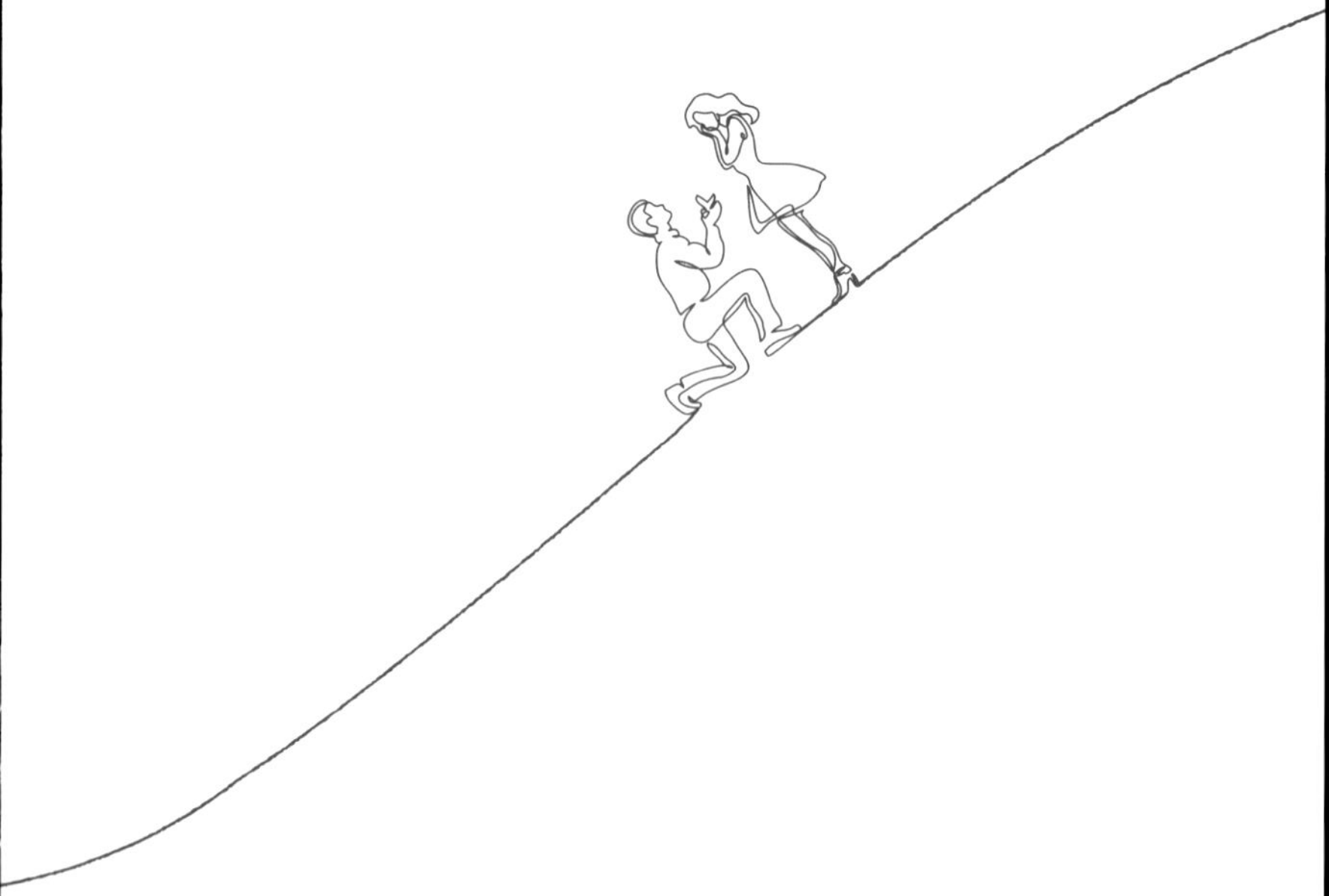

【著者プロフィール】

石坂 茂（いしざか・しげる）

1971年東京都浅草生まれ。東京大学経済学部卒業。2000年に日本初のインターネット専業結婚情報サービスをスタートさせる。2006年には株式会社IBJを設立し、全国の結婚相談所および会員をつなぐ結婚相談所ネットワーク事業を始める。加盟店数4000社超、登録会員数約9万5000人（※IBJグループ直営店および加盟店の会員数を合計）の規模を誇る日本最大級のプラットフォームと、プロの仲人が提供するハンズオンサービスの両輪でサポートを行い、2022年には約1万2000組（日本の婚姻組数の2.3％）の結婚カップルを創出。年々改良しアップデートを重ねる独自の婚活メソッドにより、直営結婚相談所は成婚率50％にのぼる。「ご縁がある皆様を幸せにする」という経営理念のもと、一組でも多くの結婚カップルを生み出すことで、未婚化の解決、少子化問題への貢献を目指している。

本書についての
ご意見・ご感想はコチラ

プロの仲人が伝授！　90日後にプロポーズされる
賢い婚活

2023年10月26日　第1刷発行

著　者　石坂 茂
発行人　久保田貴幸

発行元　株式会社 幻冬舎メディアコンサルティング
〒151-0051　東京都渋谷区千駄ヶ谷4-9-7
電話　03-5411-6440（編集）

発売元　株式会社 幻冬舎
〒151-0051　東京都渋谷区千駄ヶ谷4-9-7
電話　03-5411-6222（営業）

印刷・製本　中央精版印刷株式会社
装　丁　田口美希

検印廃止

Printed in Japan
ISBN 978-4-344-94721-4 C0095
幻冬舎メディアコンサルティングＨＰ
https://www.gentosha-mc.com/